美麗の創意革命

Make-Up Brings
Good Luck

輕鬆招來好運氣の
改運美容術

李國政—著
李麗娟—協同著作

妝容影響面相、面相改造命格，
妳是否要讓不當的妝顏，誤了妳光彩的一生？
改運美容術，
教妳簡易利用面相學、心理學、色彩學、美學等知識，
讓自己成為一個美麗大方、桃花旺旺的新時代女性。

國家圖書館出版品預行編目資料

美麗の創意革命/李國政等著
─初版─台北市：佳赫文化行銷，2009.09
　　面；16.5X21.5公分

ISBN：978-986-85311-4-7 (平裝)
1.彩妝 2.命理 3.改運

295.7　　　　　　　　　　　98013318

What' s In 005
美麗の創意革命

作　者：李國政
協同著作：李麗娟
總編輯：許汝紘
執　編：劉宜珍
美術設計：楊詠棠

攝影：黃可萱
模特兒：Miki

發　行：楊伯江、許麗雪
出　版：佳赫文化行銷有限公司
地　址：台北市大安區忠孝東路四段341號11樓之三
電　話：(02)2740-3939
傳真：(02)2777-1413

網　　站：http://www.cultuspeak.com.tw
E-Mail：cultuspeak@cultuspeak.com.tw
郵撥帳號：50040687 信實文化行銷有限公司

印刷：王子彩色製版企業有限公司
地址：中和市建康路130號8樓之二　　電話：(02) 2222-1199
總經銷：時報文化出版企業股份有限公司
地址：中和市連城路134巷16號　　電話：(02) 2306-6842

目 錄 Contents

Contents

作者序

利用彩妝改變人生

在遙遠的古代，從人類學來看，化妝帶有神秘的意義，其化妝的表現，常因目的而有所不同，如祈福、驅鬼、慶祝、降魔、打戰、保護等，而各有其不同的裝扮，主要是藉由化妝求得來自他力的神秘力量，而後來演變成為追求美的化妝美容。

然而追求美的化妝美容如果不知其原始化妝的神秘意義及目的，反而會帶給自身意想不到的影響力。明亮光透的彩妝會常與無形的天界溝通，得到身心的平衡；如果黯滯的彩妝，則會受到魔界力量的干擾，而讓身心不適。這是美容化妝上的神秘意義及其靈動力，不可不知。

愛漂亮、愛打扮是女人的專利，有的女人對於鼻子低不高挺深以為憾。我個人認為鼻子如果凹平不起，真有影響自己的自信心與不良命運時才考慮美容整型，如果有隆起，只是不高，則大可不要整型，只要應用化妝術即能修飾其缺點，也可增加自己的信心。不然只有鼻子隆起，沒有其他部位的配合，如顴骨及各五官等配合，就只有隆起的鼻子，也不見得會帶給我們好的命運。

人有時候在順境，有時在逆境，財運也是這樣，有時生意興隆，有時生意清淡。有個美容師曾告訴我說她碰到生意壞的時候，心理就會慌。也不知從從什麼時候開始，只要碰到生意不好的時，她就習慣將頭髮染成紫紅色，也將妝上得明亮艷麗些，讓心情好一點。說也奇怪，生意竟就此又好轉起來，且這方法她已經試了好幾年，都一樣有效。其實這正巧就符合改運美容的原理，庚戌日生於癸丑月，配合九宮色彩，最喜用紫紅色，恰好補足她的運。常有人認為命運是上天註定的，人只有認命，其實不然，命運是可以塑造改變的。今天是昨天所塑，明天要靠今天努力去創造。佛教有一句話：「欲知前世因，今生受者是，欲知來世果，今生做者是。」人的一切是自己期

望自我要求、自我實現的結果。一切命運的主宰力量是自己，不是別人，更不是遙不可及的神。改運美容學可說是一個心字而已，由心來主宰形的修飾與改變，心物合一，改運的目的也就可以達到。

　　本書綜合彩妝、玄學、面相、擇日、心理學及宗教等知識而成，運用改運美容的化妝部位、擇日、髮型、服飾、配飾等等，指引大家如何趨吉避凶，邁向成功之路，創造人生的幸福。希望對喜好美容之女性、從事於美容界之美容師及對改運美容感興趣之讀者，有所幫助。本書倉促成書，如有不完美的地方，也請先進前輩及愛好此道的前輩不吝指教。

李國政

讓古意可以新創（命理+美學），讓老物呈現新思潮

當我們聽到「改運、命理」時，很容易令人聯想到江湖術士混飯吃的技倆，但是，若換一個角度想，如果能把古聖先賢流傳下來的資料重新整理，並加上現代美學對臉型的修飾或補足的觀念與技巧，可以來幫助現代人的解惑，此乃寶藏也。

在二十一世紀網路的年代，人與人的接觸，要在短時間內留下好印象是件非常重要的事，因為好印象為你帶來好的「運」與「氣」，你想在短暫的時間，留給對方留下什麼印象呢？自信、幹練、沉穩、親和力、威嚴、柔媚、端莊、剛強、可愛、大方、高貴、優雅還是時尚呢？我們可以透過《美麗の創意革命》這本書，進一步了解自己的面相，並且運用美容技巧與美學來修飾或補足並改變或加強我們臉部五官給人的感覺，進而促使彼此產生善意的互動，這就是改運。

「改運美容」這門美的藝術，真的有這麼神奇嗎？答案當然是肯定的。

2009年初全世界都遇上金融風暴，經濟景氣超低迷，當時一位放無薪假的朋友，與她認識八年的男友也突然嫌她不夠漂亮，她頓時覺得未來前途茫茫，心情盪到冰點，後來決定特地從新竹來找我，她決心要來改造自己。聽她細訴整個過程後，我開始教授她如何修飾自己的臉型，並讓自己看起來更漂亮、更有自信，進而多充實的自己內在，並靜心的去規劃未來。沒想到一個月後她竟然變得容光煥發，而且找到新工作了。

另一位朋友是來自銀行界的女性小主管，來找我的原因，是希望讓自己看起來更有威嚴。圓臉的她，再配上原來兩道彎彎的眉型，看來可愛極了。她的個性親切又認真，但就是缺了權威感，為此困惑很久。經由眉型的調整與臉部彩妝修飾外在服裝效果，再加上心情的調整，她整個人變得神采飛揚，對此滿意極了，這都是由於外在的改變，來影響內在的真實案例。

管子曰：「學到東西叫準備，建立關係叫機會，若要不斷有機會，就得時時做準備。」得體的穿著以及優雅的儀態，不僅能讓人增添自信與專業形象，也能讓你創造出成功契機。個人形象就如同公司的門面，雖說人不可貌相，但是在互不相識的情況下，外表往往是旁人判斷你專業與否的第一印象。我常常建議來我們這裡上課的學員，經營『必須』的形象，而不是經營想要的形象。

《美麗の創意革命》的有趣之處在於不教你命理有多偉大，而是提示妳明明已經看到，卻老是忽略的尋常景物或問題，挑起你沉睡的神經；美不只是外表的賞心悅目，並且要能提升運勢。那麼就從觀察自己開始，希望能藉由《美麗の創意革命》書中提及的重點，適時、適所以及適當的方式，找到轉變優質的人際關係與自信，為你的外在加分。積極充實內在的正面能量，也是相當重要的，現在你可以開始動動腦、動動手為自己創造好運勢，做一趟命理與美學的自助旅行了。

很榮幸能與李國政老師的改運命理學做整合，當然，最想要感謝的是高談文化的許社長及編輯宜珍多次溝通才能讓此書發行，同時也盼望各位前輩先進不吝指導，讓我有更進一步成長的學習機會。

李麗娟

改運美容學引論

一、化妝美容的歷史根由

化妝美容的由來，就歷史來看是先有化妝而後才有美容。在人類未進入文明開化前，化妝的意義並非求美，而是有其目的存在。過去人類常為了求生存、嚇唬對方，而在臉上塗上恐怖怯敵的妝保護自己；就好像動物的保護色一樣，以求生存。

原始人也懂得應用簡單的色彩，在外獵食時，為了鼓舞自己的生命力和鬥志，以便追捕野獸，就會化上充滿動感及鼓舞自己內在力量的妝。兩族在戰爭時，就在臉上塗上憎恨、怒意、充滿激勵、武裝神勇的妝，企求戰爭的勝利。主持儀式的巫師，在慶典或在死者告別的聚會時，都依不同的場合，化不同的妝，以便求神賜福或和亡靈溝通，求吉福降臨族人。現今的泰國祈神舞、西藏的驅鬼舞，都可見其古代歷史化妝術應用的痕跡，因此化妝本身自古以來就帶有祈福、求神、降魔的象徵意義。

古代化妝的目的，是想藉化妝及服飾的神秘力量，使自己由平凡的凡人，變成不凡之身，以求福避禍。深信透過化妝美容的神秘力量，可和天界之神或魔界諸魔取得溝通，藉著無形的神秘力，來達成自己的祈願和希望。

隨著歷史文明的演進，化妝由特殊的目的，轉變成美麗的追求，遂將原始化妝的功能目的遺忘了，而不自覺地在化妝時採用了召魔、幽暗的妝，

結果使自己的身心、命運蒙受極大傷害而不自知。隨著科學的發達，因對於色彩的運用，有更深一層的了解，而有色彩心理學的產生。色彩的應用不但會影響一個人的個性、情緒和心理，還可以利用色彩來糾正我們個性和人格上的缺失。色彩與日常生活息息相關，眼睛所看見的世界幾乎都是色彩繽紛的，每個人無時無刻地都受到色彩的刺激、感應，不知不覺中受到色彩的影響而渾然不知。

因此化妝美容，不論在化妝、服飾、配飾的抉擇，都有其無形的感應力、影響力，我們豈可忽視其力量，而不加研究？

二、什麼是改運美容

愛美是人類的天性，女人美容化妝也就是將缺點加以掩飾，使美的地方更加顯著。然而怎樣才是「美」？因為每個人主觀的認定不同，使得同樣是追求「美」的「美容」，因不知其美容的意義、原則與方法，卻變成破壞命運的「毀容」了。

女性為了使眼睛更加迷人，有的將單眼皮美容割成雙眼皮，或者天天將單眼皮眼畫成雙眼皮眼。其實在面相學上，雙眼皮的人生活比較操勞、比較重感情，個性缺乏耐性毅力；這是雙眼皮人在命運上或個性上的缺點。愛美的人，將好好的單眼皮割成雙眼皮，在面相學上及命運上，不見得比保持原狀好，實無必要去做割雙眼皮的美容手術。

鼻子代表身體、事業、財富及夫星，在面相學及美觀上，鼻子宜高隆豐潤。大多數的人鼻子都在山根附近隆起，甚少凹平不起，不要為了求美，去做隆鼻手術，萬一失敗了，將適得其反，得不償失。但如果真是太凹陷，為了建立自我的信心與美麗，也當找個高明的外科整型醫師做隆鼻手術才是。

以前常有人喜歡在臉頰上開兩個酒窩美容手術，這其實是破壞命運的「毀容」手術，是會影響老年運的。另外也有人常喜歡在眼睛四周塗上暗暗的眼影，這也是錯誤的化妝美容。眼睛與眉毛間叫田宅宮，是有關不動產財產的部位；眼尾是妻妾宮，是有關異性戀愛、夫妻感情的部位；眼下為子女宮，是代表子女及己身子宮的重要部位。這幾個部位宜明亮，不宜暗滯，否則是會影響命運的。眉毛的眉尾不可畫得比眉頭低，如果過低，就成了「春心眉」，常不利正常感情的維繫，而陷於多角情變的困擾中。臉上有「良痣」，也有「惡痣」，該留的不留，該除的不除，因自我主張弄巧成拙，造成性格上、命運上的缺失。常因追求「美容」，而無意地卻成了「毀容」，這類情形不勝枚舉，怎可不戒慎小心？

身為現代的美容師或當今的女性，除應當知道化妝的技術外，更應該懂得一些面相學、心理學、色彩學的基本知識，使化妝的技術結合其他學識來應用。以化妝美容的神奇力量，來掌握造型的靈動力，轉禍為福，趨吉避凶，使每個人都更加幸福、社會更加祥和，豈不更好？

什麼是改運美容學呢？改運美容學是一門綜合的應用知識，它結合了面相學、化妝學、氣色學、色彩學、心理學、擇日學、玄學等知識。它與開運化妝術不一樣，開運化妝術範圍較狹窄，改運美容學除開運化妝術所有的之外，還研究討論到服飾、髮型、配飾、色彩、擇日及化妝下手的部位等，這些都是開運化妝術所未探究到的。改運美容不但重視面部的化妝改運美容，而且更重視心的美容改造，內外兼修，身心兼顧，同時配合化妝技術、擇日、化妝下手部位、時空與技術的配合，才能真正掌握命運的變化，而實現自己所求的願望。

其實改運美容學並非是一門新的學識，在國外早已有配合星座來穿著服

飾、配戴飾物的星相應用美容。在我國古代雖無改運美容的專著，但其道理
充斥於面相學、氣色學、奇門遁甲、仙術等山、醫、命、卜、相五術中。改
運美容學將舊有的知識學理由五術中取出綜合歸納，並配合現代美學、心理
學、色彩學、玄學及美容化妝的技術，應用於化妝、髮型、服飾、配飾等。
往後的發展，當待有心人，繼續研究探討，定可放大異彩，造福社會。

三、改運美容的原則與方法

做每件事都得依序完成、有條理，才不會顯得雜亂無章，不知重點方法
之所在。只要遵循改運美容學之原理原則與方法，則不難掌握其重心，達到
真正掌握造型、開創坦途的目的。

化妝改運美容可分為二大原則：

●身的原則：又分「形的掌握」及「色彩的應用」。

形的掌握：一個身心均衡發展的人，其五官必然端正、均衡，也才能為其
帶來好運。改運的化妝美容，也就是要掌握臉型與五官之間大小、高低、
長短、凹凸……，使陰陽之間均衡、協調，並藉由化妝的技術，來掩飾其缺
點，使自己看起來更顯舒適、美麗。

色彩的運用：人的五官是天生的，屬先天之命，氣色則屬後天之運。五官雖
好，但氣色未至，一樣無法發達。顏面氣色黯滯，運勢自然難展；臉色紅潤
有光澤，運氣勢必開展。所謂「氣先行，色後應」，氣色反應現時的禍福吉
凶、真吉休咎。由此可知，形的掌握固然重要，但如何讓臉部的化妝顯得更
有生氣、更有活力的色彩運用則更加重要。

●心的原則：心的原則就是指信心的暗示力量，生理機能引發氣血循環，也

就是五臟六腑的活動，而心理狀態引動七情六欲的修為，不論心理或生理活動，都受信心的影響。改運美容最重要的原則就是要有信心強大的精神意念，如此才能改變人的心理和生理活動，使身心獲得更大協調。

專職的美容師，不僅要具有專業的化妝美容技術，更應該喚醒大家從「心」做起，去建立對美的信心基礎。容貌是我們心靈的氣象台，不會一成不變，而是隨時隨地在心理的影響下，慢慢轉變。透過色彩的運用及臉部的化妝修飾，使我們看起來更亮麗、更有人緣，只要不斷地灌輸信念，確信好運將至，並常常加強自我的信心意念，讓信心改變命運的意念，必能如願。

四、扭轉命運靠自己奮鬥

法國心理學家高奎能，為了排除星相家的迷信，於是利用科學的統計方法，搜集古今中外名人的生辰資料。經過一再地分析、綜合、統計後比較，竟然發現這篇報告，否定了以前對占星術星相學的錯誤看法，證實了人的命運與星辰的關係。

中國命理面相學經過幾千年的整理、研究，說明「命中註定」之說對一般而言，不是迷信，是有其可靠性的，但對大智慧、大修行家而言，是可以改變的。所謂「一念之善，可以延年；一念之惡，可以奪算」。只要廣結善緣，多行善事，自然可以改變命運、開創坦途。了凡四訓的作者袁了凡的故事，即是最佳史實見證。

袁了凡幼年喪父，母親希望他學醫，懸壺濟世。有一天，遇到一位精通氣數命運的孔先生，自稱得到邵康節皇極數正傳，替他推算過去，靈驗無比，並且告訴他有做官的命，因此了凡起了讀書求功名的念頭。

孔先生算出了了凡的一生，且所說的事與時間都先後應驗了，因此了凡

更加相信人的進退得失都是命中註定，無法強求，於是對生命失去了積極的進取心，完全受制於命運的安排。後來，了凡在南京棲霞寺，得遇雲谷禪師的開導，終於有所頓悟。

雲谷禪師說：「人末能無心，終為陰陽所縛，安得無數，數亦拘他不定，汝於二十年來，被他算定，不曾轉動一毫，豈非凡夫？」

霎時，了凡反省以往的過失，努力逃脫命運的枷鎖，發願做三千件善事，來培養德行。終於推翻了孔先生的神算，不僅得一男，尚享高壽。

五、命運可以改變

有一婦人來找我為她針灸，婦人一臉病容、面目憔悴，零零總總有一堆毛病，失眠、頭痛、內分泌失調、腰痛、肝火過盛等，無一不包，身心疲憊不堪。初時幫她針灸時，總覺效果一直沒出來。後來閒聊開來，才知她心理有著許多煩惱。她兒子在學校，因下樓梯時成群嬉鬧、推擠，不慎發生意外，一群小朋友一一跌落，如疊羅漢般的把她兒子壓到最底下。所幸，只是受了點傷。但此後，只要小孩子晚點回家，就會擔心是否發生意外。就連對老公，她也一樣擔起心來；只要老公加班晚點回來或外出應酬，她就擔心。擔心東、擔心西的，晚上不斷失眠，苦不堪言。

見到她的人，都覺得她疲憊不堪，都不禁詢問她最近身體是否不好。一個人問、兩個人問……，到後來她都認定自己身染重病。和她分析，很多事並非擔心就能解決，要是再擔心下去，她才是最讓人不能放心的。

我建議她將自己打理好，告訴她改運美容的觀念，請她稍微的上下妝，讓氣色變好，放開心，這樣運自然會走。她半信半疑，所以就試著做看看。沒想到，針灸不到半年，病症完全好了；不只人美變了，也更健康了。

第貳章

臉部各部位
改運化妝美容方法

一、臉型改運美容

　　根據專家調查顯示，人與人第一次見面的前7秒鐘，是留下第一印象的「黃金7秒鐘」，且機會只有一次，要好好把握。因此，臉部妝扮表情是決定你是否能脫穎而出的重要關鍵。

　　自古以來最漂亮的臉型是蛋型臉（東方的標準臉型會比西方人的顴骨處稍寬些），如果你的臉型不是蛋型臉，請盡量在做改運化妝時盡量修飾成接近蛋型臉。

　　因為臉型可以顯現一個人外在的觀感，五官均衡在性格上的表現亦是平實、穩重，如果你的臉型哪邊有缺點（例：若臉比較大要讓她看起來比較小，可使用深的粉底顏色或腮紅來修飾，若臉型太圓顯得可愛就修飾成較為修長的樣子）。

　　藉由正確的改運化妝技巧來改變成為均衡的臉型，進而達到改運，相信好運一定會跟著你。

面相部位圖

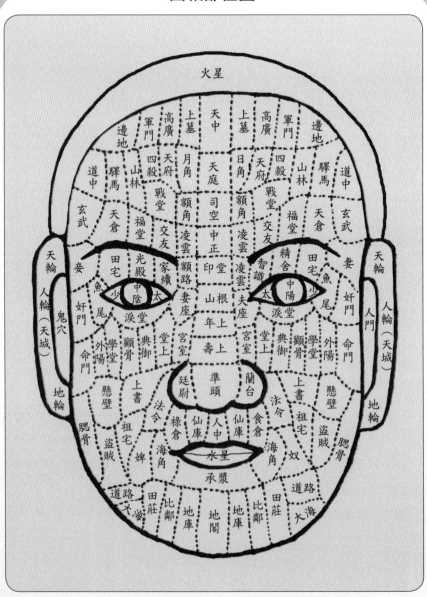

面相宮位圖

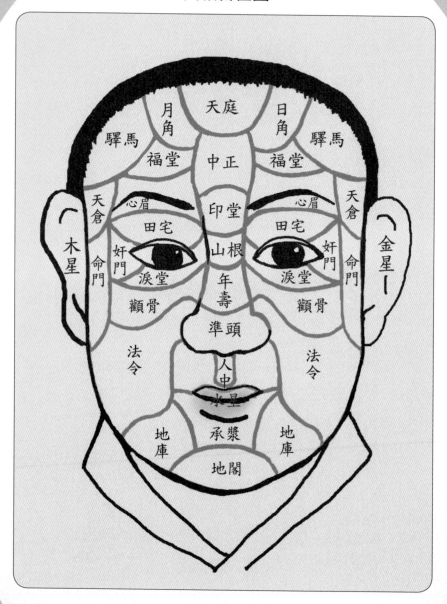

東方標準臉型（蛋形臉）

特徵：最標準的蛋形臉。臉形長短寬窄適宜。上額至下巴分為三等分之構造：（1）髮際下至眉頭一等分。（2）眉頭下至鼻頭為一等分。（3）鼻頭下至下巴為一等分。

優劣：智慧型美女，外表成熟個性體貼、溫柔，不與人爭。然而′在意他人看法，神經質而敏感，缺乏主見，對他人的意見近乎全盤接受，對象的選擇上可著重積極有陽光生命力的男子，方可達陰陽調和，利於夫妻運。

改運：在額頭與鼻樑以亮彩顏色修飾就能增加臉部立體感，於顴骨略施腮紅以增加圓潤光澤，眉型搭配現代標準眉型，其他無須再加以修飾就可保持好面相。

臉型修飾重點

粉底：額頭與鼻樑以明色粉底修飾就能增加臉部立體感。

腮紅：顴骨略施腮紅以增加圓潤光澤。

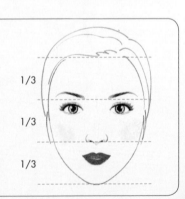

1/3

1/3

1/3

圓形臉

特徵：整體比例臉型略短，雙頰豐滿圓潤。

優劣：此臉型最常見於東方女性，第一眼給人的感覺開朗、樂觀，個性坦然不拘小節，隨和且配合度高，於社交運、工作運有不錯表現；但凡事不願與人爭執、計較，且對事物拿捏無定見，若交友不慎，不利金錢運。

改運：最可愛的臉型就是圓形臉，其特徵是臉型太圓，缺乏立體感。可在兩腮和額頭兩邊加深色粉底來修飾圓胖感，額頭和下巴中間加明色粉底，如此圓臉就會感覺修長些，也有立體感。

臉型修飾重點

粉底：耳中至下顎以暗色修飾，上額、下巴以明色修飾。

腮紅：由顴骨方向往嘴角刷長狹長形。

方形臉

特徵：一般稱「國字臉」，輪廓明顯清晰，臉型方且寬。

優劣：個性俐落、果斷，積極進取，相當能適應環境變化，團體中顯現不錯的領導能力，意志力強，不拘小節，屬女強人型。社交運、工作運佳，但缺乏柔順婉約的氣息，容易造成夫妻失和。

改運：臉型方方正正，上額寬大，下顎也寬大，下巴稍嫌狹小，缺乏溫柔感覺。需在上額及下顎兩邊加深色粉底修飾剛硬輪廓，下巴用明色粉底打亮，如此方形臉就顯得柔和修長。

臉型修飾重點

粉底：上額、下顎以暗色修飾。（上額：髮際至太陽穴，下額：耳下至下顎角），下巴以明色修飾。

腮紅：由顴骨方向往嘴角刷長狹長形。

長形臉

特徵：較方形臉略為細長，顎骨突出且明顯。

優劣：有著成熟、冷靜的女強人特質，無形中散發著陽剛氣息。有強烈的責任感、意志力，耐力十足，適合朝事業發展，若為高額的上司則難以伺候。此類女性易使男性望之怯步，異性緣較差。

改運：臉部較狹長，有的是額頭高，有的是下巴長，臉長多給人不夠柔和的感覺。上額、下巴以暗色修飾縮短臉型的長度，兩頰以明色修飾讓臉型看起來比較豐圓、秀麗。

臉型修飾重點

粉底：上額、下巴以暗色修飾，兩頰以明色修飾。

腮紅：由顴骨方向往內橫刷。

菱形臉

特徵：臉型下削，整體臉部肌肉不多，更顯顴骨高突。

優劣：由於臉部肌肉少便顯顴骨高，若臉頰下凹且額高，則為剋離相。凡事缺乏恆心、毅力，易產生倦怠感，為其性格上之缺失，不利工作運；又整體感覺過於冷峻、理智，不易為人所親近，不利社交運及異性運發展。

改運：是最富有特色的臉型，額頭狹小，兩腮消瘦，顴骨較高，下巴也較尖，有尖銳敏感的個性。需在上額、下額兩邊加上明色粉底，暗色修飾縮短過尖的下巴使之豐滿，讓臉型顯得較為柔和。

臉型修飾重點

粉底：上額、下顎兩側以明色修飾。

腮紅：以顴骨為中心刷成圓弧形。

心形臉

特徵：其臉型猶如心形，上半部較寬，下半部（雙頰到下巴）較為削瘦。

優劣：此臉型的女子予人鄰家女孩的感覺，純真無邪、開朗活潑，樂於活在自己想像的世界，有極高的敏感度，適合向思考性的工作挑戰；然而太過纖細的個性易情緒化，處事不夠沈穩常亂了方寸，不易留住好運勢。

改運：臉型比較尖，具有上寬下窄的特徵，即上半部臉較寬，下半部較消瘦。上額兩側以暗色修飾讓上半部變窄，下顎兩側以明色修飾下半部豐滿明亮。

臉型修飾重點

粉底：上額兩側以暗色修飾，下顎兩側以明色修飾。

腮紅：由顴骨方向往內橫刷，位置略高稍短。

二、額頭改運美容學

圓額

特徵：上額髮際為圓弧形。

優劣：擁有圓額的女性，恭禧妳了！此型女性屬絕佳額型，為標準的女額。為人個性爽朗、心胸寬闊，若上停飽滿，表記憶力佳，童年時期運氣不錯；但應多注意情緒的起伏。擁有此額的女子對夫運、子女運、社交運、家庭運，皆有助益。

改運：瀏海儘量不要蓋住前額，搭配自然淡雅彩妝，以突顯明朗的個性。

M型額

特徵：額角髮高，似英文字母「M」。

優劣：散發藝術家氣息及學者風範，個性獨立自主，感覺敏銳纖細，具創造發展之長才，汲汲於理想之追求卻不切實際。若額角凹陷且缺髮明顯，表幼年運不佳；若額角過於狹窄，表其人用錢如流，難有所成；若為高額則主刑剋。此額者財運及夫妻運不佳。

改運：建議將髮型梳為中分，以修飾額角，搭配淡雅裝扮並保持良好氣色。

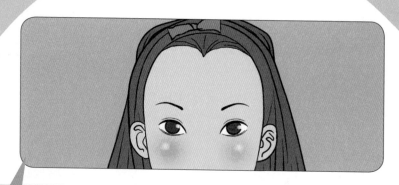

桃形額

特徵：一般稱「美人尖」，髮際有如桃形般的優美曲線。

優劣：對感情執著、專一，為宜家宜室的好妻子，個性單純溫和，情感纖細依戀，利於家庭運、夫妻運；但對於工作易生倦怠感，過於相信他人，易為朋友所累，不利工作運。

改運：不妨使用亮彩唇膏將唇形畫得豐潤些，並以珍珠色蜜粉使整體感覺更顯亮麗。

方額

特徵：髮際為方正的額形。

優劣：此額不適宜女性，擁有方額的女性，個性較為獨立自主，性情剛毅不輕易妥協。辦事效率高，態度上實事求是，凡事講求實際；但缺柔和依賴的女性特質，利於工作運卻不利夫妻運。

改運：於魚尾、奸門處微上淡粉紅色腮紅，額頭則不宜再強調，將眉型修成圓弧標準眉，表現較柔和感以求夫妻運的圓滿。

亂差額

特徵：髮際呈不規則形，雜亂無章。

優劣：思考敏捷、反應快，堪稱「奇才」，但為人玩世不恭，剛愎自用，往往不按牌理出牌，不易有貴人相助，常遭失敗。若女性擁有此額，有夫妻仳離及中年守寡之危機，婚姻運不順遂。

改運：修飾髮際或以瀏海掩飾，但不要蓋住整個額頭，宜採明亮色系上妝，並於魚尾、奸門處輕刷淡粉紅腮紅。

波浪額

特徵：髮際似波浪狀起伏。

優劣：擁有此額的女性，擅跳躍思考，舉一反三，但個性頑強，缺乏女性獨有的風姿韻味。不利於異性運及婚姻運，然此額鮮少見於女性。

改運：以瀏海做技巧的掩飾，或針對髮際略為修飾，整體化妝宜以明亮淡雅為主。魚尾、奸門、山根保持明亮，將利於異性運、社交運的發展。

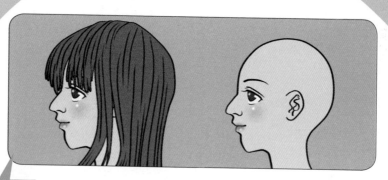

凸額

特徵：由側面觀之，上停明顯凸出。

優劣：智慧高、負才氣為凸額女性所獨有。八面玲瓏、交際手腕強，觀察敏銳，於職業場上往往高人一等。

改運：不要以凸額為意，此為成熟及智慧之表徵，三停講求均勻，若將豐滿的天庭予以掩飾，則不利健康運，宜保持明淨妝扮。

畫出清晰眉型的眉筆：

眉筆可說是畫眉的基本工具，它可以畫出清晰的眉型，初使用眉筆的人可能不太能掌握，但只是勤加練習，就可輕易掌握。

要選擇合自己的眉筆，首先要考量的是自己的所要的眉筆顏色，可以配合自己的髮色、眉色及眼睛的顏色。如果你的頭髮偏棕而眉毛偏黑，那麼在上眉筆時，可先以褐色眉筆上色後，再以黑色來補強即可。

盡量讓眉毛上起來自然而順眼，千萬不要染了一頭淡金髮，可是卻上黑色眉毛，那看起來會非常可怕的。

三、眉毛改運美容

眉間斑

特徵：印堂處亦即雙眉之間有斑點。

優劣：印堂為命宮之所在，精氣元神凝聚之地，好比人體的氣象台。良好的氣色如紅潤紫、黃明，表健康運、異性運、夫妻運及財運佳；若印堂發暗為青、黑、赤等色，則表近期內有災禍。

改運：日常以毛巾熱敷並勤加按摩，可以近膚色蓋斑膏略為修飾，但根本之道仍在於個人修為。

眉頭寬窄

特徵：兩眉間之標準距離為一指半到二指，太寬、太窄皆非吉相。

優劣：眉距過寬，為人大而化之，對事物的看法較為開明；但優柔寡斷，過份聽信人言，易失敗。眉窄心亦窄，予人心事重重、太過極端之感。遇事放不開，因而開運較晚，不易成功。

改運：眉距過寬，以眉筆描畫眉頭即可；眉距過窄，以眉毛夾拔除多餘雜毛並梳順，主要是要保持心情愉快。

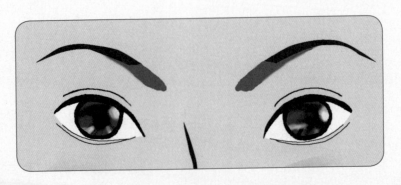

新月眉

特徵： 眉型彎如新月，毛柔且細長。柳葉眉類似新月眉，但眉毛稍寬且濃。

優劣： 新月眉、柳葉眉皆屬女性理想眉型，異性運、夫妻運、家庭運、工作運不錯。新月眉，田宅宮大都較寬，易得長輩關照，性格柔順、心無城府，異性緣極佳。若有良好家庭背景，事業發展較易成功，但易吃虧上當。柳葉眉較新月眉多情、靈敏、有個性。

改運： 不用特別描繪，略為修飾即可。

一字眉

特徵： 形如中國字「一」。

優劣： 此眉適宜男性，尤其是欲往星路發展之男星，女性不宜。一字眉的人，個性爽朗，說到做到，不拘小節，社交運良好，但做決定時常固執己見，未能深思熟慮，易與人發生衝突。缺乏管理家務能力，不利異性運、夫妻運發展。

改運： 拔除眉頭上及眉毛下緣多餘雜毛，依臉型修整，將眉型修整為圓弧的標準眉，能使心情溫和，給人好印象。

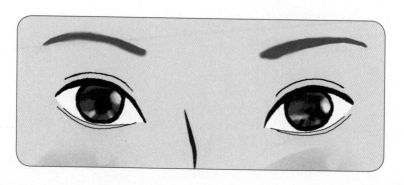

八字眉

特徵：眉頭高，眉尾低，形似「八」。

優劣：八字眉的人大多個性溫和穩重，品格端正、行事穩健，能通權達變。人緣佳，財運、工作運相當不錯，多數政界人物、實業家、學者擁有此眉。但女性不宜有此眉，因過於溫順的個性易為人所左右，常令周遭親友擔心；兩人世界常因三心二意的個性而無法長久，不利夫妻運。

改運：將眉頭壓低、眉峰上揚，眉尾下垂處剃除，眉尾描繪成標準眉，使眉尾不要低於眉頭，讓線條上揚，呈現優美感覺。

春心眉

特徵：眉尾低於眉頭，眉長過目，細且柔。

優劣：擁有過於下垂的春心眉，意志薄弱，易受外界誘惑，膽小心思細，做起事來舉棋不定。性情溫和，交際手腕佳，利於社交運、戀愛運，但因定力不夠恐節外生枝，應多注意夫妻運。

改運：修掉過長、下垂的眉尾，並以眉刷梳順，呈現工整眉型，看起來更有活力。

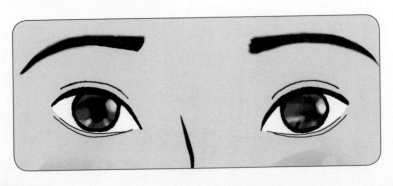

短眉

特徵：眉毛短於眼睛。

優劣：短濃之眉，性情純真，有勇無謀，又知進不知退；短淡之眉，任情任性，無法掌握好運。眉型宜娟秀細長，方能得父母恩澤、兄弟姐妹互助，短眉之人與家人緣淺，多半有不愉快的童年，凡事得自己辛勤努力，老來無法與兄弟姐妹相聚。

改運：以眉筆描繪眉頭或眉尾不足的長度，若眉峰過高宜稍做修飾，使其心志更堅強。

粗濃眉

特徵：理想的眉型是長短、粗細、濃密適中，粗濃眉既粗又濃且高。

優劣：任勞任怨，能與丈夫共同奮鬥，卻無法共享成功果實，屬勞碌命。個性堅強獨立，不易接納人言，與家人緣分淡薄。提婚道親一波三折，不易為長輩贊同，不利夫妻運，恐有剋夫之災。

改運：注意印堂之氣色，兩眉之間不宜過窄；若欲拔除眉毛宜從下緣著手，使田宅宮更寬些，眉頭的毛若是豎起來，可稍加修整，利用咖啡色眉筆描繪，使眉毛看起來柔淡，具緩和感。

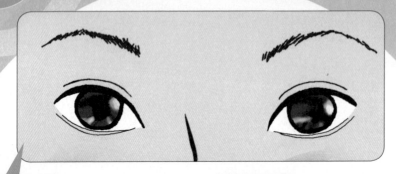

細薄眉

特徵：眉毛淡薄、稀疏。

優劣：眉毛蘊藏很多運氣，眉毛過細者能量弱，略顯老態、體弱多病，個性過於內向、不夠積極，與周遭親友不熱絡。守不住既有的財運，帶不來良好的家庭運，即使婚後亦因健康狀況，導致夫妻生活了無生趣，不利夫妻運。

改運：有健康的身體，方有健全的家庭，宜多注意身體保養，並可利用鐵灰色眉筆將眉毛刷粗濃些，呈現較有活力、較有精神的感覺。

交錯眉

特徵：眉象交錯紊亂，無定序。

優劣：此為女性惡眉之一，個性陰晴不定，見異思遷，辦事不牢靠，易與人起爭執，對感情並不執著，宜慎防來自異性之災。步入中年後，家庭運、財運不佳，有孤獨之相。

改運：眉毛無形中已透露出個人的修為，眉毛不宜雜亂無章，貴柔順。利用咖啡色眉筆表現柔和眉型，多餘部份除掉，並每天以毛刷梳順。

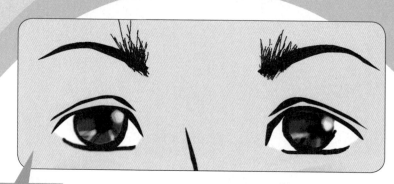

隗豐眉

特徵：眉頭之毛過長、不服貼，甚者呈放射狀翹起。

優劣：為人事業心強，深富才幹，無論扛負何種工作皆能積極投入，終將有所成就，因而事業運相當順利；反之，由於長久事業重於家庭，與家庭關係淡薄，晚年恐孤獨而終。

改運：將眉頭過長眉毛修剪，以眉刷梳順眉型或以眉毛夾拔除雜毛，呈現清新自然的感覺，使工作與家庭都順利。

間斷眉

特徵：眉型斷裂不連續。

優劣：眉毛為兄弟宮之所在，為觀看兄姊弟妹互動關係之依據。間斷眉為不祥之眉，表手足間易生爭端，遇事不易彼此協助，亦或體質較孱弱，命運乖舛。

改運：以鐵灰色眉筆將間斷處描補，可讓心情順暢，表現自信。

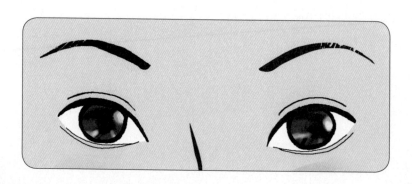

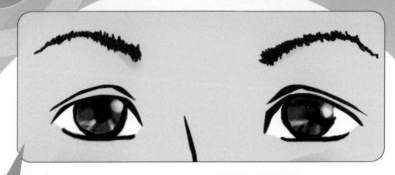

波浪眉

特徵：如波浪般一起一伏。

優劣：屬女性惡眉，為人意志不夠堅定，做事往往半途而廢。對周遭事物漫不經心，毫不在乎，情緒起伏不定，人緣稍差。即使有貴人相助，亦不懂及時把握，工作運、社交運、家庭運差。

改運：將眉毛不規則處拔除修剪，並以眉筆描繪出柔順之眉型。

羅漢眉

特徵：眉毛嚴重捲曲且生長濃密。

優劣：女性不宜有此百害而無一利之眉型，其人不易有安定清閒之生活，不擅處理人際關係，難以敞開心胸。與人相處有距離感，有孤單、寂寞之傾向。晚婚為佳，社交運、工作運、家庭運、財運皆不理想。

改運：既為女性惡眉，宜除不宜留。可依臉型來描繪成溫和自然的標準眉，以求好運的到來。

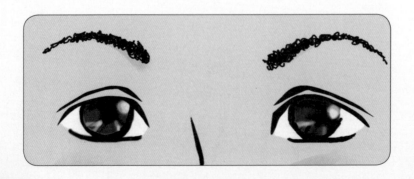

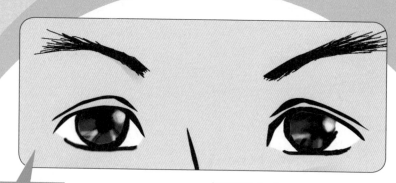

掃箒眉

特徵：形如掃箒，由眉頭至眉尾向外散開，尾部是寬散。

優劣：掃箒眉霸氣橫生，性情急烈剛硬，充滿幹勁，適宜往事業發展。但因性烈，不利異性運、夫妻運的發展，恐欺壓丈夫，故晚婚為佳。青中年奔波勞碌不得閒，老年運勢好轉。

改運：若欲早婚，必先培養柔和氣息，將過寬的眉毛修整修飾為溫柔的標準眉，並保持魚尾、奸門氣色的明亮。

彎眉

特徵：眉型弧度過於彎曲。

優劣：眉毛的狀態表現一個人的性情，眉型過直性格剛直，眉型過彎性格柔弱。彎眉的女性，判斷力不足，過於相信他人，對自己缺乏自信，無主見，凡事皆欲依賴他人。

改運：眉型過於彎曲看起來比較不穩重，可由眉毛上緣做線條修飾，以眉筆描畫自然的幅度，眉峰稍往後移，增加自信度。

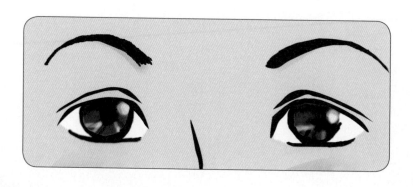

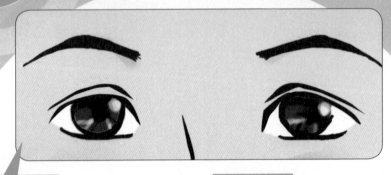

山形眉

特徵：眉峰過高，形如三角。

優劣：此眉不適宜女性，山形眉予人的感覺成熟穩重、沈默理智。渾身充滿幹勁，有恆心、有毅力，越挫越勇，事業運發達，但因過於認真無形中予人嚴峻的感覺，使人難以親近，因而社交運、異性運不佳。

改運：修掉過高的眉峰或並將眉峰點往後移讓田宅宮露出，表現自然親和力，並放鬆心情主動與人親近。

虎濤眉

特徵：眉骨高，眉頭上翹，眉尾下垂。

優劣：精力旺盛，意志不堅，對事業、愛情總欲求不滿，難以潔身自愛，易生情感糾紛。情緒急躁不安定，第一次的婚姻大都不甚順利。因無止境的追求，常使另一半身心無法負荷，家庭運不佳。

改運：將眉骨後呈現角度的部份的眉毛剃除，重新描繪成柔順的眉型，注意個人的修為。

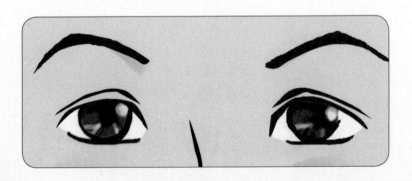

劍眉

特徵：眉型短翹，怒衝直上。

優劣：女眉型宜秀，毛宜清，色宜黑。此眉為女性惡眉，有剋夫之相。短翹眉性情急躁，做事往往三分鐘熱度，易與人起爭執，常換工作，不安於室，不得人緣，社交運、工作運、異性運不佳。

改運：可將眉尾修除，用鐵灰色眉筆描繪眉尾成柔和標準眉或弓形眉，增加柔美度，以利異性緣。

眉型與臉型重要搭配

「臉型改運美容」很容易令人聯想到，借助化妝的方法來改變我們臉部五官，給人美好的運氣，並由此而促進此善意的互動，以打開好的運勢。

以改運眉型來說，眉型代表著家庭、人際關係、事業、異性緣以及健康；尤其是「女」性的「眉」毛又稱為「媚」，是女人最漂亮的地方，所以眉毛與女人有十分密切的關係。

就彩妝學來說，眉毛代表個人的精神所在，也是化妝的重點，眉毛的重點在眉頭、眉峰及眉尾（三點成一眉），建議眉骨可稍為挑高，呈現出精神奕奕且較有型；而且眉毛的毛色需與髮色、眼球較相近，並且勻稱、自然。

而眉毛的線條質感要與個性、年齡、職業等來做適當搭配；眉毛可以影響人的氣質，眉毛與眉型更代表一個人的「型」。一雙合宜的眉毛能讓妳增色、讓妳突出、讓妳吸引目光、讓妳更具自信、讓妳改善人際關係、讓妳改寫人生。

想輕易表現出撫媚、嬌豔、強悍或溫柔，都可由眉型來改變。

現代標準眉

注意：左右兩邊的眉型不同, 感覺也不一樣。
（左邊挑高，右邊較為自然）

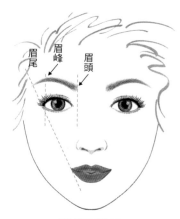

眉尾　眉峰　眉頭

現代標準眉

眉型的演化

　　由於時代的演進，不同的時代對女性有不同期許，以前女子貴柔順，能相夫教子，處理好家庭事務；但現代女性和男性一樣在社會上佔有一席之地，絲毫不讓鬚眉。現代標準眉型比以前的標準眉型，眉尾比以前高0.1~.0.2cm，眉峰較有角度，特別能展現出女性的自信。

標準眉的畫法

眉頭：由鼻翼側直線延伸而上，為眉頭的開端。

眉峰：眼睛直視前方的側邊直線延伸而上，為眉峰，即為最高處。

眉尾：嘴角和眼角為一斜線，再延伸而過，即為眉尾。

命理與美容的眉

　　命理學上會依眉毛的濃淡、粗細、長短、毛流、生長部位、幅度、角度來作為眉毛的分類；而在美容正規的眉型分類是依照眉毛線條形狀與幅度分類，主要為修飾臉型比例而來區分的。標準眉（又稱自然眉）是現代對美學對眉型線條想要表現的質感，自然彎曲幅度約在眉毛2/3處呈現眉峰，給人感覺較知性有自信的感覺，而弓型眉，如新月一樣的彎曲，眉峰在中間，給人感覺比較溫柔可愛的感覺。

常見眉型

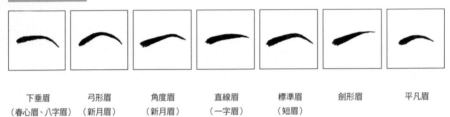

下垂眉　　　弓形眉　　　角度眉　　　直線眉　　　標準眉　　　劍形眉　　　平凡眉
（春心眉、八字眉）（新月眉）　（新月眉）　（一字眉）　（短眉）

常見臉型

約分為下列6種，而一般臉型也會有兩種混合臉型，像是圓形臉 + 方形臉，臉型是
有點圓形又帶一點點方的感覺。

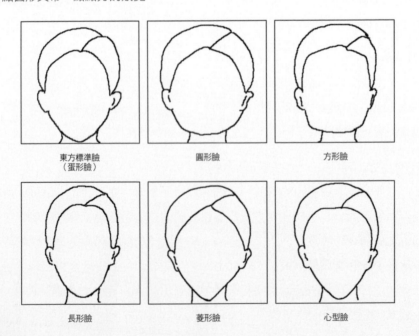

東方標準臉　　　　　圓形臉　　　　　　方形臉
（蛋形臉）

長形臉　　　　　　　菱形臉　　　　　　心型臉

東方標準臉形（蛋形臉）

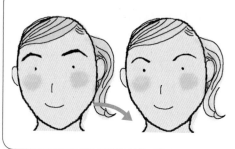

修飾重點

眉型：由眉頭斜上，眉峰略帶弧度，適合各種眉型。

唇型：自然描繪，適合各種唇型。

修飾建議：最標準的臉型，屬美人胚子，許多名模、演員都是此種臉型。擁有蛋形臉者，眉型的搭配沒有限制，只要把眉型畫好，就可呈現親切柔和的美感。

方形臉

修飾重點

眉型：有弧度，不可有角度或直線眉。

唇型：唇峰不可太尖下唇稍寬（船形底）。

修飾建議：方形臉由於臉型四四方方的，所以給人比較嚴肅、刻板的印象，不易親近的感覺。方形臉在臉型本身已經是有角度，最好能在畫眉型時能以弓型眉，利用眉形的弧度（不可有角度或直線眉）去調整嚴肅感，呈現柔和親切的感覺。

圓形臉

修飾重點

眉型：由眉頭斜上，眉峰略帶角度
或弧度。

唇型：唇峰帶角度，下唇不宜太尖
太圓。

修飾建議：圓形臉給人比較可愛感覺，建議以角度眉為主，在眉峰略帶角度或挑高
一點點弧度，有拉長臉型的感覺，利用有角度的眉型表現成熟及威嚴感。

長形臉

修飾重點

眉型：略呈直線眉（一字眉）。

唇型：唇峰避免角度，唇寬不宜超
過瞳孔內側。

修飾建議：長形臉只要加上兩道直線眉，讓臉型有橫的線條，就可修飾略長的臉
型，使臉型看起來比較柔和。而且以線條較平的直線眉，就可以縮短臉型，看起來
比較清新柔美。

菱形臉

修飾重點

眉型：眉型避免有明顯眉峰，以較直平之線條為主，眉長比眼尾稍長。

唇型：唇峰不宜太尖，下唇不宜太寬及太尖。

修飾建議：眉峰不要太高，眉尾幅度稍平一點，呈現額頭較為寬闊圓潤的感覺。

心形臉

修飾重點

眉型：適合直線眉或有角度眉。

唇型：下唇不宜太寬及太尖。

修飾建議：特徵顴骨突出，下巴較尖，可利用弓形眉來增加柔美。

注意：

心型臉、菱型臉在臉型已經是有角度，以標準眉為準再依照個性、年齡、眉的濃度、長短，略微調整，切忌眉型不要有角度。

四、眼睛開運美容

雌雄眼

特徵：亦稱「陰陽眼」，左右眼大小不一。

優劣：精明能幹，擅於處理世務，但情緒起伏強烈。好耍小聰明，待人處世極其圓滑，往往表裡不一，心機頗重，不易與人長久相處。夫妻常鬧意見，不利婚姻運。

改運：重點在求左右平衡，配合較大的眼睛，以眼線筆畫粗些，利用眼影修飾取得平衡，主要學習能以誠待人。

龍鳳眼

特徵：細長的單眼皮稱龍眼，細長的雙眼皮稱鳳眼。

優劣：龍、鳳眼為上好眼相，具敏銳洞察力，待人處事圓融、隨和，易有貴人相助，是值得信任的對象。無形中易遭人嫉妒而樹敵，無主見為其缺點，異性運、事業運、家庭運、晚年運極佳。

改運：以眼線筆自然描繪雙眼皮，或利用眼影修飾取得平衡，力求自然美觀。

銅鈴眼

特徵：圓滾滾如銅鈴般的大眼睛。

優劣：銅鈴大眼多屬可愛型的女孩，活潑開朗，善於表達內心情感，個性坦率真誠，人緣佳，易得上司提拔看重；然而凡事缺乏恆心與毅力，又無理財觀，應注意財運的流失。易受感情糾紛，需防感情困擾。

改運：配合眼睛，將嘴唇畫得豐滿些，眉毛描長但不宜修細，無需再戴假睫毛，眼妝以自然為主。

小眼

特徵：眼睛小巧，但不細長。

優劣：個性保守、理性而嚴謹，擁有良好的直覺，靈敏度高，耐力十足且意志堅定。對於感情專一而持久，思慮過於謹慎是晚婚的主因。

改運：眼線宜自然描繪，利用咖啡色造成陰影，擴大眼睛視覺，並可戴上假睫毛以修飾小眼的缺憾。

三角眼

特徵：上眼瞼中間略突，形如三角。

優劣：古稱「狐狸眼」，好勝心強，擅猜疑、嫉妒心重，過於冷靜、理智、自負，凡事不服輸，易與他人起糾紛，是使男人望而卻步的性格。不利社交運、異性運，易陷孤寂。

改運：著重眼頭及眼尾眼影上揚描繪，中間部份輕刷即可，嘴唇可畫厚些，整體感覺將更加溫和。

三白眼

特徵：正常眼睛為左右兩白為主，若再見上為上三白，再見下為下三白，見四方為四白眼，皆屬凶眼。

優劣：下三白，為人自私好耍小聰明，忘恩負義，終其一生難以順遂。上三白，較下三白差，膽大、積極，但心胸狹窄，擅猜疑心機重，為極端的偏激份子。四白眼較為機警，論其缺點，較三白眼有過之而無不及。

改運：眼睛四周宜採自然裝扮，儘量戴眼鏡做掩飾，並常做眼球上、下、左、右運動，讓眼部看起來溫和均調感。

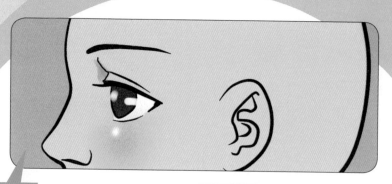

凹眼

特徵：眼眶凹陷，田宅宮為之縮小。

優劣：心細慮多，肯下功夫涉獵各項專業領域，能吃苦耐勞，愈挫愈勇，卻不擅言詞表達，因而不得上司器重。戀愛運、社交運稍差，若有一副好鼻相佐，將可彌補田宅宮過窄之缺憾。

改運：改運的重點在於上眼瞼，可於田宅宮處刷上明亮色系的眼影，讓田宅宮看來較寬廣些，絕對不可使用黑色或較暗色系的眼影。

凸眼

特徵：亦稱「金魚眼」，眼睛明顯外凸，上眼皮薄。

優劣：為人心細，敏銳度高，能言善道，擅察言觀色，頗得人緣。然意志不堅，無論工作、戀愛多未能從一而終，又精力充沛，行為過於開放，不利正常戀愛的發展，而導致身心的疲憊。

改運：眼四周與感情運勢互有關聯，應保持良好的氣色，外凸部份利用深咖啡色無亮度的眼影修飾，呈現凹陷線條，讓看起精神奕奕。

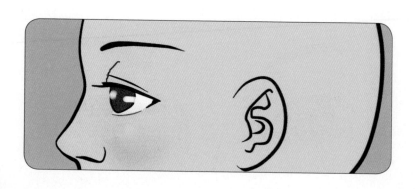

單眼皮

特徵：上眼瞼無折紋。

優劣：頭腦清晰、冷靜，膽小心細。辦事理智、沉得住氣，判斷分析能力強，不易受外物干擾。然凡事顧慮多，缺乏自信，較為神經質，不擅自我調適。對戀愛運較為不利。

改運：單眼皮有其動人之處，別具韻味，無須刻意割成雙眼皮。以深色眼影自然漸層均勻描畫上眼影，避免於眼皮中央處施以淡色眼影，會有浮腫現象。

雙眼皮

特徵：上眼瞼由眼頭到眼尾有折紋者。

優劣：個性開朗活潑，易被感動，相當在乎外表，易為外在事物所誘惑。毅力、耐力不足，常半途而廢，適宜速戰速決的工作。對感情較不易專一，因而不利財運及異性運。

改運：輕描上眼瞼，採自然明亮色系淡妝，並於魚尾、奸門上輕刷腮紅。

臥蠶瞼眼

特徵：臥蠶部位，即下眼瞼眼袋較厚。

優劣：臥蠶和淚堂，稱子女宮或男女宮，反應子女問題、身體狀況及性指數。若此部位近眼角處隆起，表作風開放，易招禍害；若中央隆起，表待人親切和順，利於社交運；近魚尾隆起，表身強體壯，精力充沛。

此部位氣色宜明亮，若氣色黯淡，恐身體欠安或房事過度；若有黑痣，表為子女所拖累；若暗滯不開，則不利異性情感交流。

改運：若眼睛四周暗滯不開，以毛巾熱敷並以手指輕做按摩，促進血液循環；下眼瞼勿需強調，宜用自然明亮色系彩妝。

眼袋保養工作：

方法一：將茶放入冰箱15分鐘，用化妝棉沾茶，敷在眼皮及眼部浮腫的地方，對減輕眼袋浮腫很有幫助。

方法二：以中指及無名指指腹，輕輕重覆拍打下眼頭、下眼尾肌膚，再以中指輕按眼袋，從眼角至太陽穴，幫助血液循環，讓眼袋變緊實。

方法三：冷熱敷交替法，一次不超過5分鐘，加強血液循環，改善眼袋浮腫情況。

方法四：多喝紅豆薏仁湯，幫助身體多餘的水分排出

方法五：保持充足的睡眠（22：00到02：00是睡美容覺的時間）。睡覺前少喝水，將枕頭適當墊高，抬高頭部，讓眼瞼部不易堆積水分。

方法六：多吃富含維生素A和維生素B2的食物，如胡蘿蔔、番茄、馬鈴薯、動物肝臟、豆類等，均衡體內的營養結構。

五、鼻子改運美容

圓潤鼻

特徵：俗稱「蒜頭鼻」，鼻樑挺直，準頭圓潤，鼻翼豐滿。

優劣：此人屬行動派，為人慷慨大方不拘小節，擁有良好的體力，精力旺盛。取財有道，財運頗佳，但應注意開源節流，避免不必要的浪費，有相當好的社交運及異性運。

改運：無須太在意鼻子的形狀，此為良相，為好運的象徵，採自然妝即可。

鼻頭有斑點

特徵：鼻頭亦稱準頭，旁之小鼻稱金甲、蘭台或廷尉，鼻頭有斑點即指此處有異色。

優劣：鼻頭為財帛宮，若斑呈暗滯色為破財之徵，紅斑利財運，青春痘則表年輕氣盛，無關財運。小鼻宜外突有力，肉多且豐，無異色、傷疤或惡痣。

改運：勤做鼻頭按摩，或以蓋斑膏修飾其斑點。

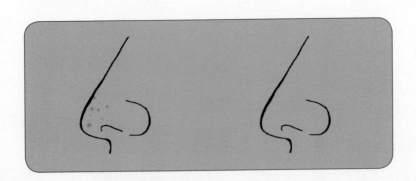

鼻翼小

特徵：小鼻無肉，不豐厚。

優劣：鼻翼主看財運及健康運，宜豐滿有彈性；鼻孔如灶口，鼻翼宜大且內收，反之錢財外漏難以聚財。鼻翼的厚薄可表身體的好壞，鼻小又薄，表健康狀況不佳。

改運：以珍珠色粉底修飾鼻翼，增加明亮感，雙頰微施腮紅以增豐腴氣色。

大鼻孔

特徵：鼻樑直長挺拔，鼻翼寬，肉薄內空。

優劣：鼻孔貴在大而能收，若不外露，財富出少入多。生活富裕，體力充沛，活動力旺盛，爽朗有幹勁。事業運、社交運佳，但勿太強勢，不利夫妻運、異性運。如有外露者，終生勞碌奔波，財運、家庭運皆不順。

改運：臥蠶、魚尾部位上明亮色彩，求感情運順利，鼻樑上不可上暗深色鼻影。

小鼻孔

特徵：鼻樑豐直，準頭圓小，鼻翼不豐，鼻孔小而無外露。

優劣：小鼻孔者氣度狹小，吝嗇小氣。待人處事苛刻謹慎，對外在事物的反應極為敏感，缺乏恆心與毅力，往往優柔寡斷，不利社交運。若生得眉清目秀，可積小財，適宜早婚，可望相夫教子，但不宜嫁入大家族。

改運：印堂上宜採自然明亮色系上妝，並於交友宮、子女宮微施腮紅。

斷隔鼻

特徵：鼻樑中段，有凸起的骨骼，形成斷層。

優劣：凡事付諸行動，性情強烈，意志堅定，擇善固執，從一而終不輕言放棄，卻不易接納人言，予人冷傲孤離感。若女性有此鼻，宜重心性修養，避免氣盛於丈夫，妨害夫妻運。

改運：採粉色系柔亮彩妝，並依眼睛的大小，將眉毛修成溫柔的弓形眉或柳葉眉。

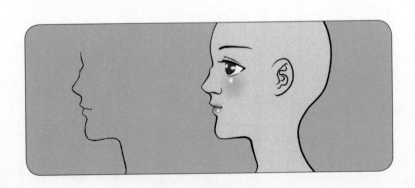

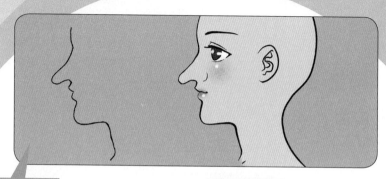

鷹鉤鼻

特徵：如鷹嘴下垂內鉤，金甲小而內收。

優劣：觀察力敏銳、反應快，能得財富，在演藝圈、商場相當吃得開，對人攻心為上無真實情感。本位主義強烈而功利，適宜個人創業，若鼻樑無肉，難招富貴，女性有此鼻，宜眉清目秀方可減兇，以利家庭運。

改運：內鉤處刷上明亮粉底修飾增加飽和度採自然彩妝，應當注意心性的培養，自能逢凶化吉。

鼻樑低

特徵：兩眼之間，鼻樑的起點為山根，鼻樑低即指山根凹陷。

優劣：山根象徵智慧、財力與健康，鼻樑低個性退縮、軟弱，無主見，缺乏積極進取的精神，多所依賴，常吃虧上當，容易感情用事。若女性有此鼻相，不利夫運，體弱多病，為家庭忙碌奔波，難以致富。若有良好的眉眼相配，方可改善運勢。

改運：眉頭處輕施淡褐色鼻影，山根使用淺白色眼影來打亮，使其有增高立體的效果。

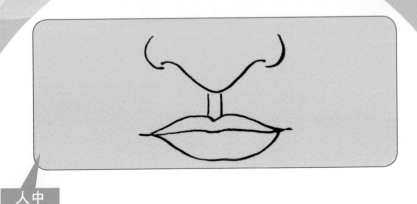

人中

特徵：古云：「準頭下面是人中，溝洫皆從此處理。」

優劣：人中象徵女性生殖器，生命皆由此孕育。人中長，樂善好施、氣度大、重仁義。人中短，短視近利，度量小。人中窄，鬱鬱寡歡，疑子宮發育不全。人中寬，思慮周密，眼光長遠。人中淺，保守拘謹，不積極。

人中宜上窄下寬，剛柔並濟，任勞任怨，中晚年運佳。人中上寬下窄，個性多疑，不知惜福上進。人中不正或不明，心性不佳，易陷孤獨貧賤，恐無子息。人中有橫紋，不得夫恩，為家庭、子女多所煩憂。人中有硃砂痣，子女出息，生活優渥。人中有暗痣，晚年遭劫數。

改運：整體彩妝宜自然明亮光透有光澤，可以近膚色來修飾人中，並於人中、子女宮、疾厄宮略施腮紅。

六、耳朵改運美容

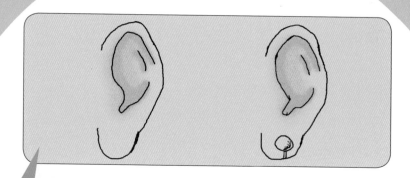

垂珠耳

特徵：有耳垂、耳珠者稱之垂珠耳。

優劣：垂珠堅厚，大而圓潤，俗稱福耳，為財運、健康運良好之相，意態悠閒、樂天知命，富貴又長壽，女性有此耳相具幫夫運；反之，垂珠大肉薄且軟，個性輕率，生活放蕩，不知節制，福差財少，不利婚姻、夫妻運。

改運：垂珠薄可搭配粒狀的耳環，其種類、顏色可參考服飾色彩及配飾兩章節，配合各年命選擇五行相合之配飾。

無垂耳

特徵：耳朵上半部大，但無垂珠。

優劣：熱心，喜沈醉於自我幻想中，不切實際，優柔寡斷，無明確的人生目標，毅力不足，不易成功，常錯失良機，不知量入為出，不利財運、戀愛運。

改運：配戴樣式較大的耳環，以增耳垂份量，於魚尾、奸門微施腮紅。

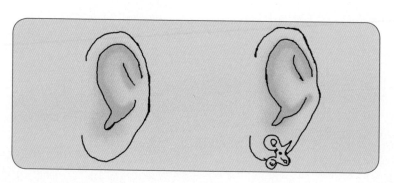

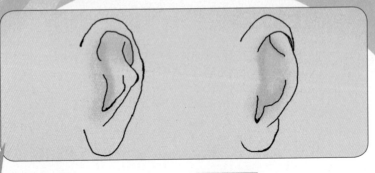

軟骨突出耳

特徵：古稱「輪飛廓反」，有耳廓向耳
輪方向突出，及耳廓向外極突出二種。

優劣：耳宜形美輪廓分明，若軟骨不明
顯，性情隨和、內向，喜過安逸生活。
若軟骨外突，重事業，積極而獨立，不
輕易服輸，能妥善規劃自己的將來。若
輪飛廓反，自尊心強，多勞碌不安定，
強勢而疑心重，與異性交往不易持久，
不利其戀愛運、家庭運。

改運：宜採自然明亮色系彩妝，增添溫
柔氣息，事業、家庭並重，勿太好勝，
並多接納人言。

耳色

特徵：個人的運勢可由耳朵氣色觀之。

優劣：古云：「貴人有貴眼無貴耳，
賤人有貴耳而無貴眼，善相者，先相其
色，後相其形。」耳色冷清，近期受到
驚嚇；耳帶桃花色，紅鸞心動，有利
戀愛運；耳色黃潤，平順無災；耳白透
微紅，好運到；耳色暗滯昏枯，災禍頻
來，宜慎之。

改運：暗滯的耳色不利健康、事業、戀
愛及財運的發展，宜多輕揉耳朵促進血
液循環。

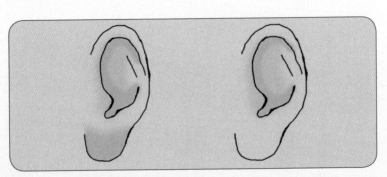

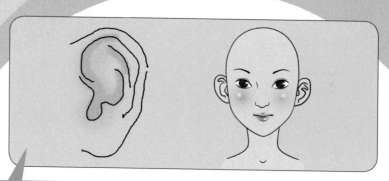

大耳朵

特徵：較一般比例稍大。

優劣：其人生活安逸舒適，身體好，氣色佳，財源穩定，婚姻幸福，子女成器；若垂珠圓厚，鼻樑挺直且顴骨豐潤，表統御力佳，事業發展大有成就。

改運：宜保持耳色明亮、瑩白或白中透紅。

小耳朵

特徵：較標準比例小。

優劣：先天體質不佳，後天運勢不強，凡事較為自我，為人勤快、實在。健康狀況不理想，過於細心謹慎，雖有豐富積蓄，卻不敢放手投資，不利財運。

改運：可配戴吊式耳環，採明亮彩妝，並於印堂、顴骨上略施腮紅，於平日多督促自己運動。

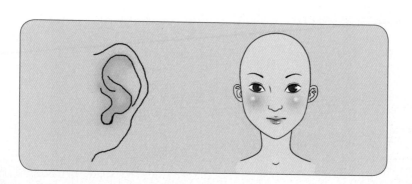

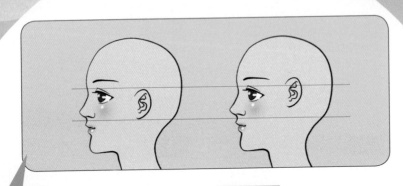

高耳

特徵：眉、鼻之間為耳之標準高度，高耳為高於此標準者。

優劣：聰明能幹，少年早發達，升學考試順利，經濟來源穩定，長才易被上司、長輩賞識。財運、事業運、婚姻運皆不錯，但應避免曲高和寡，中年以後的運勢恐有所停滯。

改運：地閣代表一個人的老年運，可於地閣、面頰、顎，施以較為明亮的彩妝，以保老年運勢不衰。

低耳

特徵：耳朵高度低於一般標準者。

優劣：耳低之人擅俗務，領導支配能力不錯，富有仁德之心。若耳過低，性格懶散，缺乏上進心，易沈溺情關，破壞人際關係。

改運：不宜使用冷色系彩妝，尤其天閣、眼睛四周及耳前至頰骨一帶，應保持明亮光透之色澤。

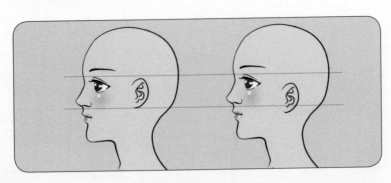

七、嘴色改運美容

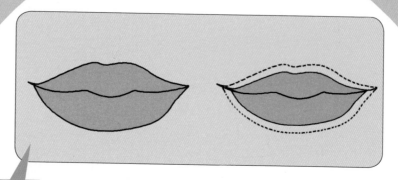

大嘴

特徵：兩瞳孔中心之間的寬度，為一般唇型大小，大於此即為大嘴。

優劣：大嘴還分厚薄、輪廓是否清晰、嘴角是否有力等。唇寬且嘴角有力者態度積極，行動力強，豪爽熱情，精力旺盛，工作運、異性運、財運極順利。具幫夫運但因外務多，恐影響家庭生活。

改運：以粉底或蓋斑膏修飾原有唇線，口紅塗於唇內0.1～0.2公分，使唇形變小。若擦唇膏只能在下唇中間一點。

小嘴

特徵：小於標準唇形者。

優劣：自古認為櫻桃小口為美人之相，相夫教子，安守本分，但不擅表達內心感受，較為拘謹、消極、思慮多、過於慎重，不利工作運。若能駕馭好另一半，則可擁有良好的戀愛運及家庭運。

改運：以明潤唇膏往外描0.1公分，描繪成上揚且稍寬的唇形。

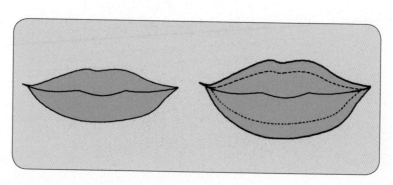

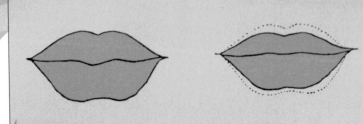

過厚的唇形

特徵：唇形豐厚。

優劣：唇厚表情感豐富、有人情味，不易拒絕他人請求，熱情而性感。上唇厚懂得付出，下唇厚懂得被愛；若缺乏彈性又嘴角無力，則易沈溺於愛與性之中。宜當心桃花劫，步入中年，恐不利異性運、夫妻運。

改運：以唇線筆先勾勒輪廓，唇膏宜選用中、暗色系，有修飾作用，避免使用亮彩唇膏，會產生膨脹效果。方法與大嘴同，可內縮0.1～0.2公分。

薄唇嘴

特徵：嘴唇薄、淺，形狀細長。

優劣：刻苦耐勞，臨場反應快，不易為他人言詞所搧動，個性冷靜、沈著，理性多於感性；但缺乏實踐精神，表達能力又欠佳，不易交心，社交運、工作運、戀愛運不甚理想。

改運：使用明亮色系的唇膏，將唇型畫厚些，可向外描0.1～0.2公分。並將嘴角修飾圓潤，予人大方柔和印象。

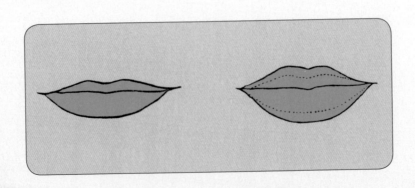

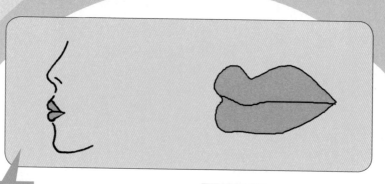

凸唇

特徵：由側面看，唇形明顯外突。

優劣：個性開朗、活潑，喜表現自我，能言善道，卻常口無遮攔，使人不悅。有社交手腕，但又好管閒事。易為朋友所累，不利財運，有晚婚傾向。

改運：唇中央採深紅色口紅，上下嘴角兩側則用較淡顏色之口紅，宜修身養性，多微笑。

凹唇

特徵：與凸唇恰恰相反，唇形內凹。

優劣：個性保守、畏怯、謹慎小心，看似消極、害羞，實則意志堅強又頑固，不願與人有所爭執。辦事能力不強卻踏實，缺乏自信與毅力，做事思前顧後怕麻煩。家庭運佳，但不利社交運、異性運、工作運。

改運：宜採亮彩色系的唇膏，並將唇形畫大些，並於魚尾、奸門、顴骨上略施腮紅。

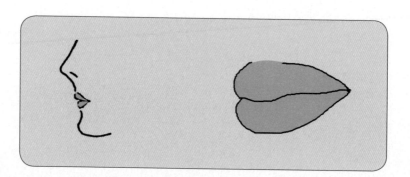

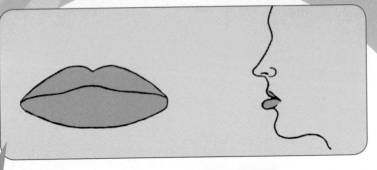

下唇突出

特徵：從側面看，下唇較上唇突出。

優劣：個性強烈、固執，信念強，常以自我為中心衡量事物，不願與人做雙向溝通，往往為了己身利益而忽略對方，心高氣傲，不利戀愛運、夫妻運。

改運：上唇採亮彩色系的唇膏，下唇則向內畫，並使用同色系較深之唇膏。若下唇突出為暴牙所引起，宜做矯正。

U型嘴

特徵：形若英文字母U，嘴角略上揚。

優劣：U型嘴屬於良好的唇型，個性開朗、積極，看來常面帶微笑，深得人緣。夫妻恩愛和諧，社交運、異性運、家庭運均不錯。若唇形過翹且唇薄微潤，具性感魅力，利於異性運，卻不利婚姻運，步入中年恐運勢停滯。

改運：既屬良好唇型，以唇筆清楚勾勒U字凹部稍加補，予人更親切的感覺，唇膏色系不拘。

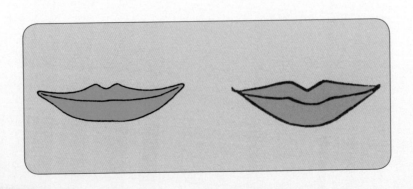

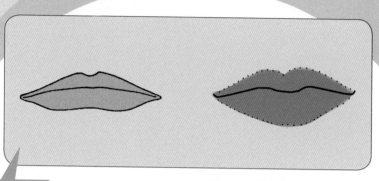

下垂嘴

特徵：嘴角下垂、緊閉。

優劣：總予人不苟言笑、晦暗而不易親近的感覺。往往滿腹牢騷、愁容滿面，易鑽牛角尖，個性消極而悲觀，不利社交運、工作運、異性運、家庭運。

改運：以唇筆描繪成略上揚的唇形，唇膏不必塗滿整個嘴唇，將下唇中央補足，兩邊下垂嘴角修飾成上揚，並多練習微笑。

張口型嘴唇

特徵：嘴角無力、微張，呈痴呆狀。

優劣：作風大膽開放，對異性有某種特殊的吸引力。若缺乏內在涵養，易沈溺於情慾之中，聲譽不佳，不利正常戀情發展，婚姻運不佳。

改運：唇膏的選擇以明潤為佳，並多注意自己的言行舉止。

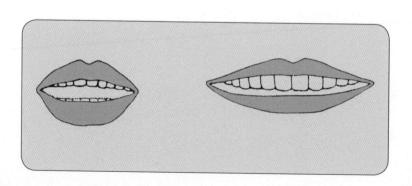

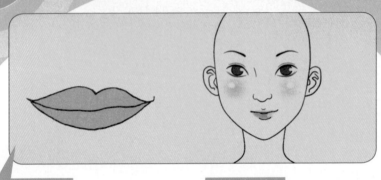

唇位不正

特徵：左右唇不對稱。

優劣：較本位主義，喜高談闊論諷刺他人，個性倔強善妒，凡事堅持己見易與人起衝突，與周遭人際關係尖銳且惡劣，社交運、工作運極差。

改運：配合上揚的一端，以唇筆修飾下垂的另一端，使之對稱並於對側鼻樑施以鼻影。

劣齒型

特徵：齒縫大或犬齒突出。

優劣：中國傳統認為「牙齒排列不齊的媳婦會敗壞家庭」，牙齒代表財運及家庭運，門齒有縫，錢財易外流，牙齒參差不齊，個性急烈暴躁。

改運：採用柔和的自然彩妝，眼睛四周宜用明亮色系，唇膏以豆沙色為主。另宜矯正不整之牙齒。

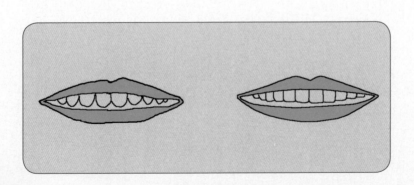

暴牙

特徵：上排牙齒斜向外暴露。

優劣：個性純真，心無陳府，直話直説不拐彎抹角。不喜空談，行動力強求實際，卻不易接受他人的意見，因暴牙而不利戀愛運。

改運：若因暴牙而感到困擾、自卑者，可請牙科醫師做矯正，唇膏的選擇宜明潤，不可選用深暗的顏色。

如何展現唇部之美：

光澤明潤的唇，不只讓人看了更加明亮、嬌美，且更能展現好氣色及光彩。如何讓自己的唇不再乾燥，而呈現出嬌艷欲的感覺呢？那你就要先了解為何唇部會乾燥的原因，讓自己由裡到外改善掉乾燥脫皮的現象。

粗糙原因：

1. 缺乏維生素礦物質(蔬果)　　2. 水份滋潤不足，常舔唇會令嘴唇更乾燥

3. 鹽份過多　　　　　　　　　4. 胃部發炎

內在改善保養：

先吃水果，再吃飯，多選擇富含維生素B2、C的食物，像是蘋果、柳丁、綠色蔬菜、胚芽米、海藻食物等，不只可強化心臟，而且可令嘴唇紅潤。

唇部外在保養：

1. 晚上用唇部卸妝液徹底卸除唇膏，避免色素沉澱。

2. 改善紋理及保濕：平時使用適量護唇保養品及去角質。

3. 加強保養防止脫皮，夏日注意防曬，冬天時，可在夜晚使用唇霜，並保鮮膜貼10～15分鐘後撕掉，加強唇霜的吸收。

唇間魔法 Lips Magic

如果有什麼可以瞬間點亮女人的美，無庸置疑就是唇膏了。回想第一次擦上唇膏是否是為了要面試而擦上口紅？那種瞬間長大的興奮，只有女人才能了解！

淡雅玫瑰的紅、沉穩豆沙的紅，都能變化出不同的臉龐，每一支新唇膏，像是一件新裝，讓雙唇魅力就在唇齒之間。

自然飽滿的唇妝或是閃耀晶透的立體唇妝，讓你更顯時尚活力。天鵝絨般的細膩卻輕透唇彩，則鋪陳出優雅卻甜美的賈姬風格，這我也最喜歡的風格囉。各式風格別具的唇妝魔法，讓換唇膏就像換新妝一般，開心又迷人，那麼，千萬別錯過好玩多變的唇妝魔法！

唇刷畫法

1 現在唇中央輕輕橫刷一下。
2 描繪唇峰（由外往內）。
3 描繪下唇（一直線）。
4 由嘴角往唇中央描繪連接。

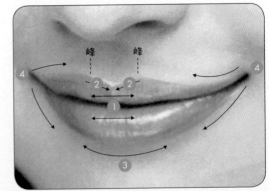

使用唇線筆的好處：

☆若想要刻意表現立體感，可先在唇邊用唇線筆勾勒唇型，可藉由來修飾唇型。

☆若有重要聚會用餐，可用唇線筆整個唇部都描繪打底，再擦上口紅較不易脫落。

八、下巴改運美容

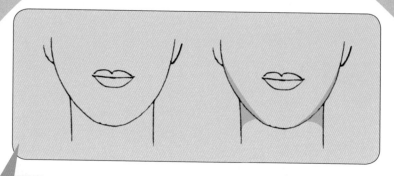

圓顎

特徵：下巴（下顎）呈圓弧狀，有肉。

優劣：個性親切，大方富同情心，予人健康、爽朗的好印象。待人和氣、圓滿，處事細心、周到，凡事以家庭為主，事業心不重，社交運、家庭運不錯。

改運：打暗臉頰至頸部的地方做拉長修飾，並於下巴輕刷腮紅，增強運勢。

尖顎

特徵：下巴尖削肉少。

優劣：地閣代表一個人的老運，下巴尖削則老運有停滯傾向。佔有慾強，個性理智、敏感，性情浮躁、任性。做事沒三分鐘熱度，常做無謂的空想，不切實際。健康方面小毛病多，尤以消化系統為最，健康運、工作運、財運、家庭運不佳。

改運：於雙頰及下巴略施粉色腮紅，以增加圓潤感。

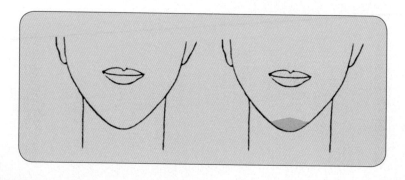

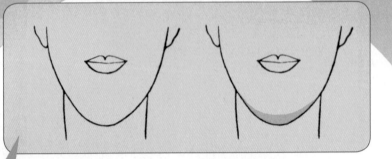

長顎

特徵：下巴較長，介於圓顎和尖顎之間。

優劣：重情義，正經嚴謹，意志堅強，做事有始有終，對家人有強烈的責任感，待人溫和敦厚，人緣頗佳；但心地過於善良，易為朋友拖累，不利財運。

改運：以深膚色粉底修飾下巴，讓下巴看起來部會太長。唇彩可使用粉紅色系唇膏，並將眉毛修成彎彎的圓眉。

雙下巴

特徵：地閣豐滿形成雙下巴，類似兩重顎。

優劣：「望之儼然，即之也溫」，個性寬厚仁慈，開朗富同情心，喜關懷他人，受人尊重、喜愛，有良好的社交運、健康運、家庭運，老運尤佳。

改運：不必太在意會帶來好運的雙下巴，只要略為修飾將臉頰至頸部的地方打暗，採自然彩妝即可。

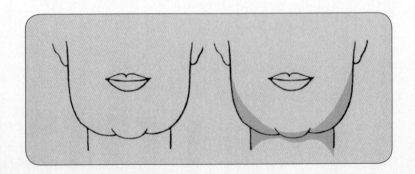

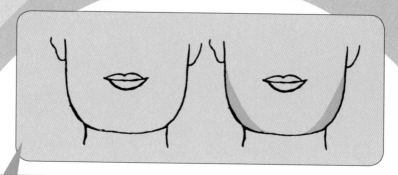

方顎

特徵：下巴方正，輪廓明顯。

優劣：老實厚道，毅力堅定，耐力十足，勤勞苦幹、腳踏實地，具有實現理想的能力；若意志力過強，則有頑固的傾向。女性有此顎，凡事埋首苦幹不重外表，不利異性運。

改運：於魚尾、奸門處以腮紅暈開，雙頰以深膚色粉底打暗，並修飾出一對自然的圓眉。

張腮顎

特徵：兩腮骨明顯外突。

優劣：本位主義濃厚，自我意識強烈，太過男性化，堅強而固執。凡事錙銖必較，容易患得患失，不易做雙向溝通，常得罪人於無形，不利社交運、工作運、異性運。

改運：宜採自然彩妝，以深色粉底修飾突出的腮骨，並使用明潤色系之唇膏。

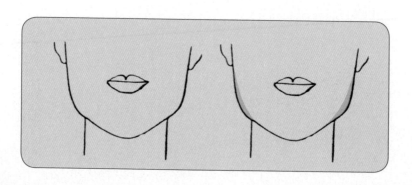

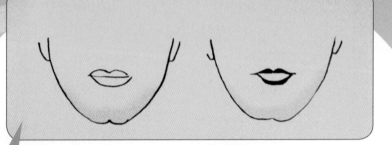

分裂顎

特徵：下巴中央下凹，形如分裂。

優劣：為人熱情大方，做事充滿幹勁，但意志不堅、心神不定，工作及情感不易穩定長久，往往無法成就大事業，不利工作運、財運、戀愛運。

改運：宜採明亮光透之彩妝，分裂處擦明亮色，印堂、顴骨、奸門、上眼瞼微施腮紅，並選擇明潤色系唇膏。

小顎

特徵：下巴較小或向後縮，由側面看，下巴呈現後傾。

優劣：滿腔抱負與理想，卻因個性任性消極、退縮，徒有空想而無確實的行動。缺乏堅定的毅力，往往見異思遷，對感情較為淡薄，見人有難不易伸出援手，不利社交運、財運、家庭運，晚年恐孤獨。

改運：彩妝宜明亮，於顴骨、魚尾、下巴上略施腮紅，並保持田宅宮氣色的明亮，多培養樂觀、進取的人生觀。

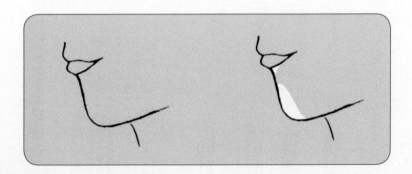

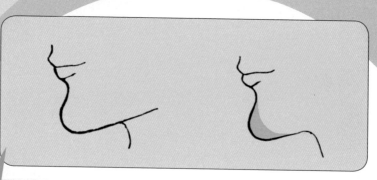

杓形顎

特徵：下顎突出如杓形。

優劣：神經大條、粗心大意，感情豐富而易感富慈悲心與同情心，見人有難義不容辭。社交運佳，適宜從事社會福利工作；但勿濫用同情心，避免對財運、戀愛運造成不利影響。

改運：以深色粉底修飾下巴，並使他人注意力轉移至其它部位，如髮型、服飾等。

上底妝前，先做好保濕工作：

在上底妝時，皮膚要是乾乾的，不只上完妝的妝感不好不容易服貼，也可能會脫皮。所以在上妝前，最好做好保濕。利用化妝水沾濕四片化妝棉，再分別放在整個臉上，敷個5分鐘左右，再拿下來。拿下來的時候，順便利用手的手溫，來加強吸收。這樣一來，整個皮膚，就變得水潤而容易上妝了！

如何正確的卸妝及洗臉

想要保持好臉色，正確的卸妝及洗臉是非常重要的，不只可以讓皮膚變得更好，也可更明亮光透，給人更好的清爽感。

卸妝

1 擠出約5元硬幣多的卸妝乳。

2 再把的卸妝乳分別點在額頭、鼻頭、兩頰及下巴上。

3 再來依照圖示的方向，將卸妝乳推開，不要忽略細微的鼻角、嘴角、眼角部份，但手勁要輕柔喔。

4 充份按摩清潔好之後，用水洗淨即可。

洗臉

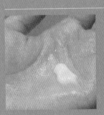

5 手打濕，擠出約一粒黃豆大的洗面乳。

6.將洗面乳搓揉成泡沫狀，一樣分別點在額頭、鼻頭、兩頰及下巴上。

7 依圖示方向，輕柔地利用洗面乳充分清潔臉部，注意細部的地方一樣要清潔到。

8 用水洗淨洗面乳，約4～5次，再以按壓方式，拭去臉部的水分。

第參章

臉部皺紋、斑痣
與改運美容

一、皺紋與改運美容

　　人生出於世不曾在臉上帶來一絲煩憂，但隨著年齡增長，接受了環境的歷練，七情六欲的心理變化，便無形中在臉上刻劃下痕跡。情緒的起伏是影響新陳代謝的主因，亦間接影響皮膚養分的供給，臉部肌肉一縮一張，日積月累，便產生了皺紋。

　　皺紋的形成，有縱有橫，不同的部位代表不同的意義。

　　一般而言男性皺紋產生較早，約在三十至四十歲左右，女性皺紋出現較晚且不如男性多。沒人喜歡在臉上留下歲月痕跡，除了年紀關係，皮膚組織鬆弛所產生的皺紋，其他紋路多因外在環境及心理壓力所造成。

　　皺紋對其性格及運命造化影響頗巨，茲將各部位皺紋及其吉凶禍福分述於後。

面相大圖

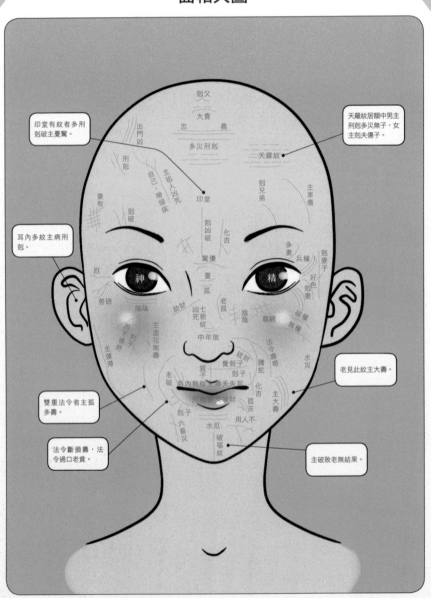

天紋　　　　　　地紋
人紋

三橫紋

特徵：額上有天、地、人三條平行橫紋。

優劣：女額不宜有紋，為勞心之相，若額頭圓廣豐滿，有其它部位相互配合，表智力、能力、膽識皆令人望塵莫及；若無良好部位配合，則為勞碌窮苦之命，不利財運、婚姻運。

改運：多按摩印堂，並利用合適粉底顏色襯托皮膚光澤度，並加上腮紅，增潤氣色。

二橫紋

特徵：額上有兩條橫紋。

優劣：易為外務所困擾煩憂，亦屬勞心勞力之相，與三橫紋之運勢頗為類似。若無其他良好部位相配，將不利財運與家庭運。

改運：避免法令出現明顯紋路，否則恐增加命運的不順，重要是保持好印堂的氣色。

向上弓型紋

特徵：額上三橫紋朝上弓。

優劣：女性有此紋多非善相，待人處事機警圓滑，處理事務求盡力，勞苦奔波，社交運尚可。

改運：同三橫紋，並多按摩印堂，並使用紅色系彩妝增潤氣色。

向下弓型紋

特徵：額上三橫紋往下弓。

優劣：個性消極、內向，不擅交際應酬，不易與人有所交集，有孤獨之傾向，異性運、工作運、社交運、婚姻運、財運不理想。

改運：請參考前面所談之改運方法，都可適用。並保持心情的愉快，練習主動與人親近。

杯形人紋

特徵：額上有條似杯底的圓弧人紋。

優劣：個性封閉，對事物的拿捏常舉棋不定，易為感情所拖累。不得夫恩，常起爭端，為勞苦之相，不利異性運、家庭運、工作運。

改運：宜明亮色系彩妝，可使用近膚色粉底修飾細紋，並於魚尾、奸門及眼睛四周略施粉色系妝彩。

雁紋

特徵：額上橫紋如雁子並列飛翔。

優劣：重精神與心靈層面的思考，過於小心謹慎，較為神經質。缺乏營運管理財務的技巧，常面臨經濟拮据的情況，不利財運、工作運、夫妻運、家庭運。

改運：請參考同頁杯形人紋的改運方法。

坤紋

特徵：細紋平行散佈於額頭上。

優劣：坤紋為長期勞碌所刻劃的痕跡，其人個性樸直、勤儉持家，任勞任怨。家庭運不錯，但財運、社交運不佳。

改運：與二橫紋同，避免法令出現明顯紋路，恐增加命運的不順，重要是保持好印堂的氣色。。

坎紋

特徵：天紋、地紋間斷，人紋完整。

優劣：此人往往心有餘而力不足，並非努力不夠，而是缺乏運氣。不易有成，常孤掌難鳴。若有其他良好部位配合，將可消災，否則不利各發展。

改運：多樂善好施、廣結善緣，以求運勢的扭轉，並避免法令紋的出現，加深其不幸。

一條紋

特徵：額上僅有一條人紋。

優劣：有堅強的意志力，獨立自主，積極進取，但因其強硬、固執的個性，不易接受他人的幫助及指導，對社交運、戀愛運有負面的影響。

改運：以晚霜或精華液多做按摩、保養，補充皮膚的營養。上妝時以淡粉色腮紅輕刷魚尾、奸門及奴僕宮。

蛇紋

特徵：額上一條成波浪狀彎曲的條紋。

優劣：蛇紋橫行於額，個性偏激剛烈，常與人產生磨擦。難有好運，易不測風雲，不利工作運、夫妻運、家庭運。

改運：多做按摩，促進老化肌膚新陳代謝，並多注意心情。

鶴足紋

特徵：印堂處有八字形條紋，如鶴立之形，稱鶴足紋。

優劣：女性年輕有此紋，疑為身體狀況欠佳。愁眉深鎖，心緒放不開，多為長久思考或憂慮所致，不利健康運、工作運、家庭運。

改運：採自然明亮的彩妝，雙頰微施橘色系腮紅，保持良好的氣色，並多按摩印堂。

川字紋

特徵：印堂上有三條直紋如川字

優劣：女性有此紋表示命運極為艱苦，常為生活四處奔波勞碌，忽略與家人間情感的交流，無形中婚姻便亮起紅燈，不利財運、事業運、婚姻運。

改運：印堂為命宮所在，不宜有紋及晦暗之色，宜採明亮色系上妝，額額、魚尾、顴骨宜保持明亮光澤。

倒八字紋

特徵：印堂上的紋路成倒八字形。

優劣：此人思慮慎密，分析事理精確敏
銳，適合從事思考性的工作，但為人心
高氣傲，固執而難以與人溝通，不利工
作運、社交運。

改運：選用珠光粉底液，增潤好氣色，
並於中正、命宮、交友宮上，以粉紅腮
紅略加修飾。

八字紋

特徵：印堂上之紋路成八字形。

優劣：常杞人憂天，不易敞開心胸。
此紋多為心理精神壓力所致，不利事業
運、婚姻運、家庭運。

改運：宜採亮色系上妝，保持好印堂、
顴骨、魚尾及奸門等重要部位的氣色。

懸針紋

特徵：印堂中央有一向上延伸之直紋。

優劣：意志力異常堅定，做事有始有終，勇往直前，不輕易退讓，但個性固執、暴躁。社交上不易受人推崇，夫妻常起爭執，若印堂狹窄，性格更為激烈，如再有明顯法令紋，老來恐孤獨無依，不利社交運、異性運、夫妻運。

改運：於魚尾、奸門、奴僕宮略施粉色明亮彩妝，並多控制自己強烈的性格。

井紋

特徵：印堂上之紋雙叉成井字。

優劣：此紋雙叉於命宮，為不好之徵兆。此人終生辛勞奔波，體弱多病、身心交瘁，不得半刻清閒生活，健康運、工作運、財運不佳。

改運：日常多體驗精神層面的生活，以修心補相，不可以冷暗色系上妝。

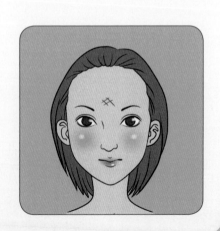

雜紋

特徵：印堂部位有雜亂紋路，有斜紋、有網狀。

優劣：印堂上的紋路一旦雜亂無章，不論是斜紋或網狀，都屬凶紋。先天不足、後天失調，失敗的比例往往大於成功的機率，不利事業運、社交運、家庭運、財運。

改運：應多做修心養性的功夫，多關懷周遭的人，宜採自然、柔美色系上妝，並注意眼睛四周的氣色。

交劍紋

特徵：印堂上雜紋相交。

優劣：為凶紋之一，命運象徵請參考同頁雜紋之說明。

改運：改運方法請參考同頁雜紋之說明。

一條魚尾紋

特徵：由眼尾衍生出的紋路為魚尾紋，一條稱之。

優劣：性情平庸，人生旅途平穩順利。感情生活專一而執著，婚姻生活圓滿，擁有良好的人際關係，財運、社交運、家庭運不錯。

改運：已擁有良好運勢的一條魚尾紋，宜保持眼睛四周的明亮光澤。

二條魚尾紋

特徵：眼尾有兩條紋路稱之。

優劣：心地善良，肯付出對人，人緣頗佳，工作努力，具有理財觀。但對事物總漫不經心，易與丈夫起爭執，影響夫妻運，然社交運、財運不錯。

改運：此紋屬中吉之紋，應保持眼睛四周氣色的良好，避免使用藍、黑等冷色系上妝。

魚尾多紋

特徵：眼尾有多條魚尾紋交叉雜亂，或粗細深淺不一。

優劣：女性不宜有此紋，自古視為多情刑剋之相。需防桃花劫，易不幸或離異。勞苦奔波，恐孤獨而無子女緣，不利戀愛運、夫妻運、家庭運、子女運。

改運：選用淡珠光粉底液，增潤氣色，並於額頭、眼四周、山根略施腮紅。修心補相，佈施多幅。

上眼瞼紋

特徵：眉、眼之間為上眼瞼，即田宅宮有紋。

優劣：田宅宮有紋乃不吉之相，不利置產及財務運轉。個性急烈暴燥，不易與人建立情誼。不清心寡欲，恐有色難，不利財運、社交運、家庭運。

改運：保持命宮、眼四周、鼻子的氣色良好，可以腮紅增加其氣色。

下眼瞼羅網紋

特徵：下眼瞼有網狀雜紋，此處為臥蠶、淚堂，亦稱男女宮或子女宮。

優劣：下眼瞼可看出夫妻及子女方的狀況，此處出現惡紋多為自作自受。夫妻情感不甚融洽，常為子女憂慮煩心，不利異性運、夫妻運、子女運、家庭運。

改運：可上明亮光透的粉底，並注意眼部保養，下眼瞼處不要太乾燥，淚堂之氣色不宜再暗滯。

下眼瞼井紋

特徵：臥蠶上有井字斜紋，亦有人稱之羊刃紋。

優劣：此紋與下眼瞼羅網紋皆屬不吉之紋，不利夫妻運、子女運、家庭運。

改運：宜多積善修德，若此處有黃潤之色圍繞，令命宮氣色佳，稱之陰騭紋，為積德行善所致，自能逢凶化吉，扭轉運勢。

山根有紋

特徵：兩眼之間為山根，此處有紋，上
接命宮，下為鼻樑。

優劣：山根之紋為凶紋，自古認為此處
有紋主耗散挫敗。夫婦刑剋，疑有生理
方面之宿疾，造成房事不調，不利夫妻
情感，影響健康運、夫妻運、家庭運。

改運：魚尾、奸門、鼻子略施淡粉紅腮
紅，保持容光煥發，並找醫師做詳細的
診療。

年壽有紋

特徵：山根與準頭之間為年壽，即此處
有雜亂紋。

優劣：古時將年壽與山根合稱疾厄宮，
年壽或山根上有紋表相同的象徵意義，
主刑夫剋妻，宿疾纏身，健康運、夫妻
運不佳。

改運：請參考同頁山根有紋之說明。

羊刃紋

特徵：鼻樑上有三斜紋。

優劣：女鼻代表天星，為身體狀況之表
徵。此處不宜有惡紋，易遭意外事故，
當多心留意。主刑剋，不利夫妻運。

改運：以誠摯的心廣結善緣，多寬恕、
關懷周遭的人事物，由心支配氣，氣到
色至，色至運轉。

養子紋

特徵：年壽上有細直紋。

優劣：鼻子象徵財庫，此處有紋為散
財之相，表示會收養、教育他人之子。
此紋不宜明顯，若過於深明，表個性頑
劣，不講情理，好與人作對，奔波辛
勞。恐刑夫剋子，不利社交運、家庭
運、夫妻運。

改運：可以利用遮暇膏掩飾。

柳紋

特徵：山根與眼之間稱夫座或妻座，年壽與臥蠶之間稱仙舍、香田，柳紋即位於夫座、仙舍間。

優劣：紋路如柳枝般散落於夫座、仙舍，為惡紋，恐遭不測。危險橫生之相，不利健康運、夫妻運。

改運：易經：「積善之家，必有餘慶。」太上感應篇：「福禍無門，惟人自召。」運勢的好壞皆由自己操控，積善行德方能好轉。

破雁紋

特徵：與柳紋不同之處，在於破雁紋為一粗深直紋。

優劣：屬惡紋，易節外生枝，當心情劫、色難，不利健康運。

改運：請參考同頁柳紋之説明。

驚險紋

特徵：準頭（鼻頭）與金甲（小鼻雙翼）有曲紋。

優劣：左右鼻翼有曲紋叫驚險紋也稱財庫赤紋，主危險驚恐，當心意外的發生，及身體健康狀況，若鼻翼之紋為赤褐色，主破財，無論投資或與人有金錢往來宜小心，不利財運。

改運：選擇合適淡珠光粉底，鼻翼以蓋斑膏修飾，並保持額額、眉、眼四周的明亮。

破顴紋

特徵：兩顴骨上有曲紋。

優劣：兩顴即東西二岳，又名國印主權，為領導的權力象徵。若有不良回紋沖破，恐破財勞碌，鬱鬱以終，對地位、事業、領導權極具負面影響。

改運：眼睛宜有神，方可避免破財。刷腮紅不要太明亮色彩，會凸顯細紋，眼四周宜保持明亮。

人中橫紋

特徵：鼻、口間的孔道——人中，有橫紋出現。

優劣：人中宜深宜廣，代表身體健康、清心寡欲。人中具溝通、調理之功能，若出現橫紋，終生為家奔波，為子女煩心，夫緣薄，不利子女運、夫妻運、家庭運。

改運：保持人中氣色明潤，可採中彩度系唇膏，將唇型畫得飽滿些。

法令狹窄

特徵：鼻翼兩端有兩條窄紋向下延伸。

優劣：此部位象徵事業運、工作運，法令紋寬且紋路長短深淺適中，表此人意力堅定，耐力十足。若法令紋狹窄，不順遂的工作運、事業運，連帶會影響財運，步入老年期恐窮苦多病。

改運：從真誠、積極的心，善待周遭的人事物，待陰騭紋出現，方可化險為夷。

法令入口

特徵：古稱「騰蛇入口」，法令紋彎入口角。

優劣：此為餓死之相，並非因三餐不濟而餓死，而是指逢遭大難、大病，消化吸收系統不正常，或失人和、敗祖產、短壽、厄運不斷，不利健康運。

改運：修心補相、廣結善緣，若入口尾端另起小紋，古稱「龍入大海」，則可逢凶化吉。

法令紋處可利用淺膚色粉底或蓋斑膏稍加修飾，淡化紋路。

法令隱紋

特徵：鼻翼兩端有兩道若有似無且向下延伸的紋路。

優劣：女人年輕時法令紋宜不明，若明顯表工作繁重，處事艱辛。步入中年，若法令紋明顯表事業有成、地位受肯定。

改運：顴骨代表一個人的權勢，法令紋代表職業、地位，若欲當職業婦女，上妝時此二處宜明亮紅潤。

雙重法令一

特徵：鼻翼下端，單邊或雙邊有兩條紋
路向下延伸。

優劣：表身兼二職，若雙重法令生得
好，表主業、副業順利、發達。工作
運、事業運不錯，然女性不宜有此紋，
恐有再婚傾向，不利夫妻運。

改運：使用淡粉色輕掃，法令紋處利用
淺膚色粉底或蓋斑膏稍加修飾，淡化紋
路。

雙重法令二

特徵：鼻翼下端的法令紋有分支。

優劣：請與雙重法令一互參。若雙重法
令再出現一條分支，稱之為冗紋，為勞
碌之相，名利難收，愁容滿面。

改運：請參考同頁雙重法令一之方法。

法令困口

特徵：嘴色圍於法令紋之內。

優劣：初婚易破裂之相，個性冷漠，待人處事嚴苛無商量餘地，不得夫恩，不利夫妻運、家庭運、社交運。

改運：請參考法令紋各篇之改運方法。

承漿紋

特徵：下巴有一、二條橫紋。

優劣：終其一生皆因酒而誤事，時有小意外，健康運不佳。

改運：切忌游泳，注意飲食須適時適量，尤忌酒類。

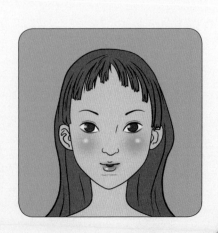

二、斑痣與改運美容

相理衡真書有云：「夫痣者，苟山之生林木，地之出堆阜也。山有美質，則生善木，以顯其秀，地積污土，則長惡草，以示其濁。又如璧玉有瑕玷，是以吉者常少，惡者常多，故萬物之理無所不然，人之質美則生痣奇異，以彰其善質，濁則生痣惡濁，以表其秉賤。」

相理衡真將面容形容為大地，質優的沃土，足以孕育良木；貧瘠的穢土，只配生長穢草。善痣代表吉福，惡痣象徵凶厄，可將痣視為命運的氣象台，亦可稱之為命運的符號標誌，從形狀、色澤、部位、大小都可觀看出命運的吉凶、貴賤、福禍。

何為「善痣」與「惡痣」？痣的優劣就其大小、顏色、凹凸、深淺、色澤、著毛等做綜合判斷；就善痣而言，不外大而當，顏色黑漆，或紅如硃，或白如玉，膨凸，有光澤，痣的四周色澤明亮，長毛尤佳，此即為善痣、活痣；反之，為惡痣，亦有人稱之為「死痣」。

善痣若生得好部位，猶如錦上添花，無需去除，惡痣不利命運，宜速去除為佳。痣、斑有別，高凸者為痣，平者稱點，青黃為斑，大而無光澤為靨，大或小而不起色者為污，此為古時分法。就現代醫學與美容學而言，有母斑即黑痣，有雀斑、黑斑、紅斑、黑皮症等，須詳加辨識。痣有好壞之別，而黑斑、紅斑、雀斑、黑皮症等多與身體內臟病變有關，且影響美觀，但若視為吉凶禍福之象徵，反倒不若痣來得明顯強烈。

痣常被附加形容詞，如「財痣」、「愛哭痣」、「蒼蠅糞仔痣」等，每一顆痣都有其代表的特殊意義。不能僅就一痣來判斷人的富貴貧賤、吉凶禍福，痣只不過是命運的氣象台，應當配合部位、氣色及整個面相作整體的觀察與判斷，才不致誤判；惡痣並不可怕，亦可修心補相，好比一株垂死的植

物，只要勤加照顧，便可再得生機而欣欣向榮。

　　痣的判斷除了痣本身之外，當看痣周圍的色澤。有生命力的痣，四周都是紅潤的良色；吉運之痣，不但本身有光澤，四周亦呈現淡紅潤色；煩憂的痣，除痣本身顏色不佳外，四周亦有深沈的暗晦色；衰敗的痣，痣的周圍彷彿有一層淡淡的黑色。痣四周顏色的變化，亦為氣色之變化，氣色由心推動，心之所至，氣即隨之，氣動色應，因此只要主宰自己的心，就是操縱了氣色，若能控制氣的流動，自然可左右痣的變化，因此「心」可說是命運真正的方向盤。古云：「相由心生」，確實有其道理根據。

痣位命運看法要點

痣好壞的判斷除了前面所說之大小、色澤、凹凸等方法外，亦須根據所在位置來判斷，痣位是依人的面相而來，觀看要點如下：

影響的運勢	痣的位置	面相位置
夫妻運及戀愛運	眼四周	印堂、魚尾、奸門、臥蠶、淚堂。
財運	耳鼻下巴	垂珠、準頭、金甲、地閣。
感情運	口、眼	水星、魚尾、奸門、夫座、妻座。
田宅運	下巴、眉眼間	地閣、田宅宮、山林、天倉。
兄弟宮	眉	眉間。
家庭運	上停部位	天中、天庭、天墓、日角、月角。
子女運	下眼瞼	臥蠶、淚堂、人中。
出外運	額、下巴	邊地、高廣、遷移、驛馬、海外宮。
社交運	眉、頰	交友部位及顴骨。
工作運	額、雙頰	天中、天庭、中正、印堂、顴骨。

斑痣部位圖

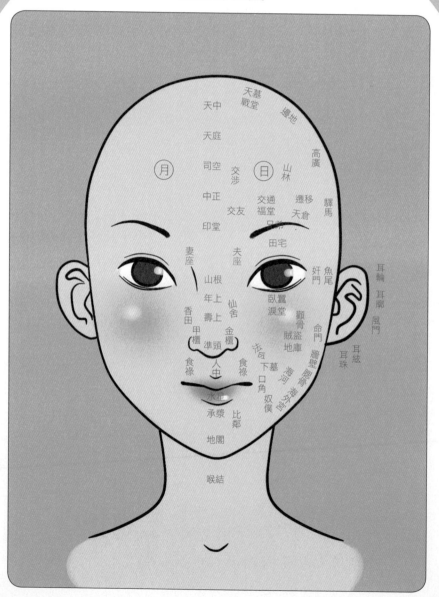

　　依所屬部位知其所代表的意義，及運勢的轉化，再詳看痣形、痣色、痣質等，即可略為判斷吉凶禍福。

上停部位的痣

天中：於髮際正中央，若為良痣，隆起且氣色好，可得長輩幫助。天中與事業運、工作運相關，良痣可帶來好運，但宜注意自身修養與性情，應多虛心求教，以防與上司長輩起衝突；若女性此處有良痣恐心高氣傲，夫妻不易溝通，適宜晚婚。若為惡痣則夫婦不和、長輩不睦，家庭運、夫妻運、事業運不理想。

宣祿宮：天庭、司空、中正等部位稱之，主事業、工作、地位。有良痣，表才高一等，事業發展順心得意，易得上司照顧，若配合良好氣色，表吉星高照，易獲提拔、重用，事業運極佳。女性此部位有良痣，事業得意，卻不利夫運，宜斟酌之。

印堂：在十二宮中屬生命之宮，對一生運勢影響頗巨，俗話說「印堂發黑」，表惡運當頭。此處若生良痣，古稱「雙龍搶珠」，此相意志堅定，愈挫愈勇，為成功之相。若生得惡痣，心願不易達成，易遭失敗；若女性生此惡痣，為剋夫之命或困於財官之事。

交友：眉頭上方稱之，此處若生良痣，得益友，在事業發展上多所助益；若為色澤暗滯之惡痣，易為損友拖累且吃虧上當。

福堂：主財運，若得美痣，氣色佳，近期可獲財。如生惡痣，則為散財痣，不易聚集財富，財運不佳。

天倉：意義同於福堂，主財運好壞，生得美痣則得財，惡痣則破財。

交通：此部位有惡痣，易遭無妄之災，宜多注意健康，小心交通事故。

日角、月角：此二角之良痣宜長一對，表與父母、長輩關係良好，得其庇

上停斑痣部位圖

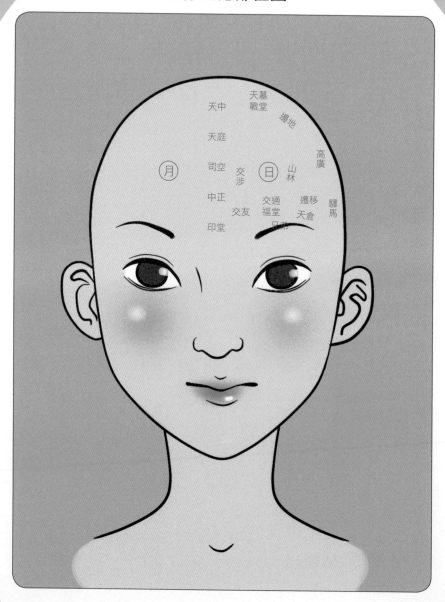

護。女性左為月角，右為日角，若僅有一痣或為惡痣，主刑剋父母，與父母緣淺，不易受父母照顧。

邊地：生得美痣，適宜外出行商、旅遊，若得惡痣，不宜出門遠遊，自古認為邊地有惡痣，主外死。

高廣：高廣、驛馬、遷移、出林、邊地均屬遷移宮，生有惡痣不利遠行或與遠方之人關係惡劣，顛沛流離，老死異鄉。

兄弟：整道眉生有良痣，兄弟姊妹感情融洽，互助合作，利於財運，為痣生長的好位置，古云：「痣宜藏，不宜露。」長於毛髮、眉間之痣宜小凸，為智慧表徵。

中停部位的痣

田宅：眉眼間為田宅宮，痣宜長在中間，偏前偏後皆不妥。若得美痣，且田宅寬廣、端正清秀，利於投資不動產，易有實質的幫助，社交運、工作運、物質運不錯；反之為惡痣，運勢與前大異其趣，女性易為情所困，不易有好的歸宿，家庭運差。若靠印堂側且痣之氣色不佳，主刑獄；靠近眼尾，可與魚尾上之痣同論。

魚尾：眼尾處即為魚尾，稱妻妾宮，此處不論良痣、惡痣，凡有痣皆表對感情不專一，常為情感之事所困擾、誘惑，不利婚姻運。

奸門：魚尾、奸門均象徵異性運、戀愛運、夫妻運，此處若有痣，宜提防情傷、情劫。

臥蠶、淚堂：下眼瞼稱子女宮，自古認為此處有痣，為刑剋子女之相，此話言過其實。此處有痣易為子女勞心勞力，痣愈靠近鼻子，負面影響愈大；愈近眼尾為美痣，子女出息，老運佳。

中停斑痣部位圖

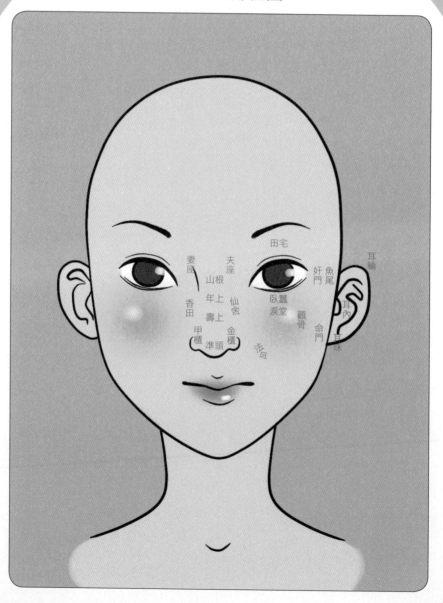

夫座、妻座：眼與鼻樑之間，若生惡痣，刑剋妻子或丈夫。

山根：兩眼間之鼻樑為山根，此處又稱「疾厄宮」，若有惡疾，易遭厄運。女性山根代表夫星，不宜有痣，恐有情感糾葛，不利夫運，有惡痣，有再嫁傾向。

年壽：年壽及年上合稱年壽，此部位象徵意義與山根同。女性此處有痣，不利結婚運、夫妻運；若再有惡痣，容易身體羸弱，為情所困，中年運勢走下坡，不利健康運、事業運、財運。

準頭：即鼻頭，女性此處有痣，破壞整體美感，終生為家人勞碌奔波，不利夫運、家庭運。

金甲：即鼻翼，此部位象徵資產，若生得良痣，物質生活充裕，異性運頗佳，但女性此處有痣往往不利夫妻相處，影響夫妻運、家庭運。

仙舍、香田：位於壽上兩側，此部位有痣，聚財不易，難有財產積蓄。

法令：女性法令宜隱，此部位生有美痣，事業有成，老運亨達，如有惡痣，事業運、家庭運、財運不佳。

顴骨：若得一對好痣，權勢在握，福祿雙收，若色澤不佳或僅有一痣，婚姻生活不佳，易失信於人無法掌權，慎防高處下墜，影響事業運、財運。

命門：靠耳之面頰，此處有痣，易得急性疾病或遭祝融之災。

耳輪、耳內、耳珠：耳輪有良痣，主聰慧；耳內有善痣，主長壽；耳珠有美痣，主財富。

下停部位的痣

人中：人中有良痣，兒女出息成材；有惡痣，與兒女無緣，女性恐有子宮問題，健康運、夫妻運、財運差。

下停斑痣部位圖

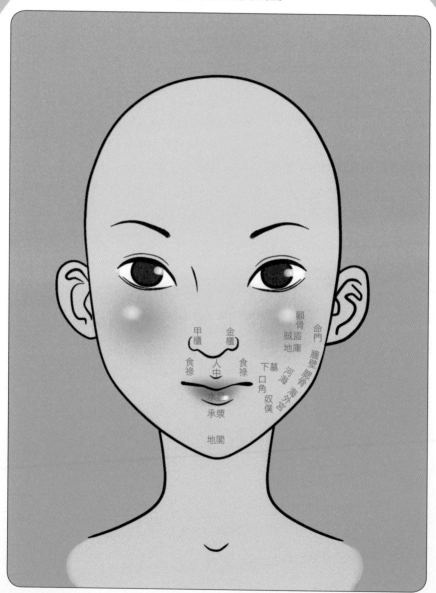

食祿：人中兩側為食祿，得良痣，物質不缺，若有惡痣，生活運不佳。

水星：即口、雙唇部位，唇上有善痣，主財祿，口中有美痣，主酒食，但宜防禍從口出，避免無心之過。

口角：此處有善痣，生得一副好嗓音，若為惡痣，留心口角是非。

承漿：此部位有痣常遷徙，酒量好。若生惡痣，避免飲酒誤事及水禍，女性生得此痣，夫妻感情多不融洽。

地閣：古相書認為此處不宜有痣，表外在誘惑多，不利感情運。若有惡痣，晚運不佳，家庭運、財運、物質運不理想，小心防範水厄及酒禍。

奴僕：若生惡痣，易因部屬而困擾 或受朋友傷害，常有遷居之苦。

海外宮：生有惡痣主水厄，不宜外出遠行。

雙頰：腮骨、牆壁、盜庫、賊地及下基稱之，皆不宜有痣，主不吉之凶運，如口舌、水厄、貪、貧等，健康運、財運不佳。

氣色部位與改運美容

　　良好的氣色，帶來好運氣。想要表現出好氣色，最重要的關鍵在於底妝。底妝上得好將影響臉部整個氣色的好壞，粉底也是最神奇的彩妝品。粉底不只可以改變膚質讓氣色變好，也可以掩蓋一些小瑕疵，讓肌膚看起來細緻有光澤。

　　而建議在上妝時，最好是在光線充足的地方上妝，才能呈現自然妝感的好氣色。

　　妳有沒有發現妳的肌膚會隨著氣溫、季節而變化？一般而言：

■夏季：氣溫比較高，毛孔散熱力提高，因此看來比較明顯；日曬強度比冬季強許多，皮膚防衛度提高，看起來膚色比冬天黑一點。

■冬季：氣溫低，毛孔為保持體溫而收縮，因此看起來比較細緻；收縮的表皮角質排列緊密，看起來也比較白一點。

　　肌膚會因季節不同而產生顏色變化，當然夏季與冬季的粉底顏色也會跟著換囉！

事業運重要部位圖

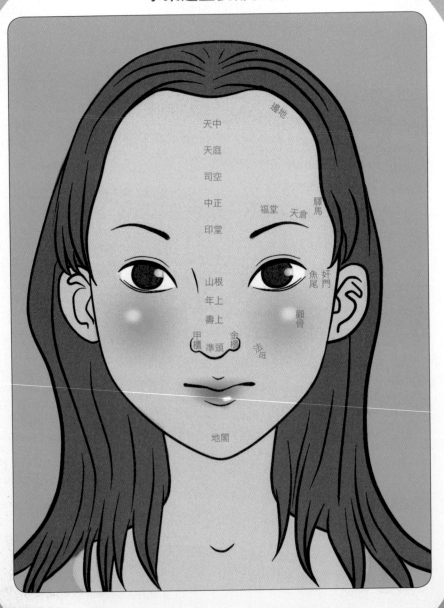

一、事業運與改運美容的關係

　　有人事業發達，滿懷理想順利實現；有人工作不穩定三天兩頭換公司；有人不易尋覓理想工作；有人事業旅程挫敗連連⋯⋯。對於正在找尋理想行業，或想換工作的朋友，臉上有許多部位及氣色的反應，當多加注意。

　　上停部位：上停代表在應徵工作時，對方對自己的印象；上停豐勻飽滿，易得他人幫助，受長輩、上司關懷，提拔較多；天中、天庭、司空、中正、印堂代表工作是否順利；日月二角豐潤較得主管、上司照顧；福堂、天倉、交友表與同事間之情誼；驛馬、邊地色澤紅潤，適合外放或出國工作。

　　鼻子部位：指山根、年壽、準頭，氣色明亮光透主運途順利。

　　眼尾部位：包括魚尾、奸門部位，色澤明潤人緣佳，尤其是異性運，若微泛桃紅，表好事近，最近運勢走俏。

　　顴骨、法令：此二部位代表對工作的態度，意志力堅定，耐力十足肯吃苦，以上均屬工作必備的自我要求，事業易成就，最忌出現暗滯色。

　　地閣：色澤佳為吉，表近期運勢不錯。

社交運重要部位圖

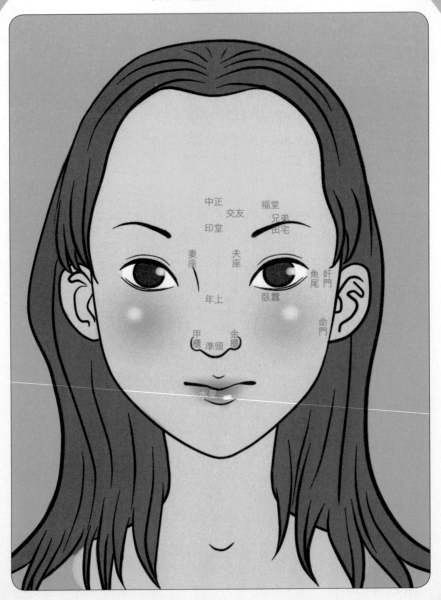

二、社交運與改運美容的關係

在團體生活中，有人人緣極佳，四周總充滿歡愉的氣氛，有人卻一副孤獨相，不得人緣，鬱鬱寡歡。社交運部位若生得差，非但無法結交知心益友，恐還為朋友所累。社交運範圍廣泛，包括異性運及與同事、同學、朋友之間的朋友運。

上停部位：中正、印堂、福堂都是各運勢所要參考的重要部位，此部位反應近來運勢的好壞，宜保持明亮光透，不宜暗滯。

交友、兄弟：交友位於眉頭上方，兄弟單指眉毛，這些部位若清秀明亮，易獲良好情誼，此處若有缺陷則易為朋友拖累。

眼四周：眉、眼間謂之田宅宮，眼尾指魚尾、奸門，眼下稱臥蠶。諸部位與異性運息息相關，若色澤凝滯，不利異性運，尤以魚尾、奸門，若有痣或異色，感情上多所糾葛，甚者遭色難。

鼻頭、嘴唇：鼻頭包括準頭、金甲，嘴唇為水星，此二部位宜色澤明潤，依膚色選用亮彩色系唇膏。

健康運重要部位圖

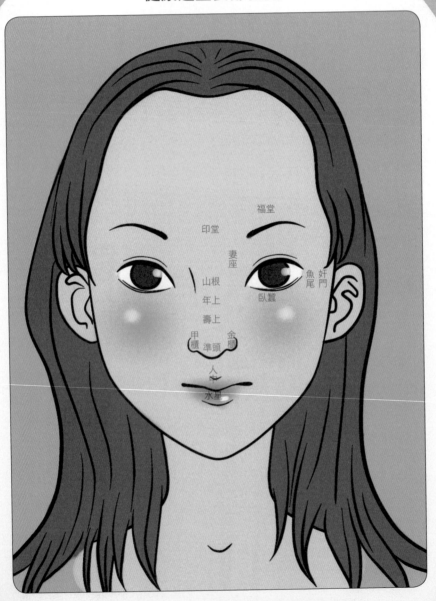

三、健康運和改運美容的關係

　　有的人身體硬朗，甚少疾病，有的人終日藥不離身，體弱氣虛；身體的狀況，皆可由臉部氣色觀察得知。額頭是否寬廣，有無傷痕或不良皺紋，印堂寬窄是否適宜，眉毛長短、濃淡、色澤宜否，眼神是否穩重有神，臥蠶是否豐潤。鼻子直挺厚實，人中深潤順暢，耳朵宜肥厚堅實，嘴唇紅潤有彈性，下巴結實豐滿，容光煥發，此為良相，代表身體狀況良好，氣色相關部位如下：

印堂：宜清明有光澤，若凝滯不開表身體孱弱。

眼四周：夫座、妻座、臥蠶、魚尾、奸門等部位，宜保持明朗的氣色，若四周氣色暗晦，雙眼無神，表生理病變。

鼻樑：包括山根、年壽、準頭、金甲，亦有人將鼻子全稱為「疾厄宮」，象徵健康狀況之部位，此處有黯色出現，為消化器官問題；若為赤色，疑為胃出血。準頭、金甲有異色，主破財。

人中：代表女性子宮問題，氣色不佳或生有惡痣，表生殖器官有毛病，恐遭難產。

水星：唇色宜紅潤，泛白表體質虛弱適用帶有光澤感的豆沙色系，青黯表體弱多病，適用明潤的紅色系唇膏。

家庭運重要部位圖

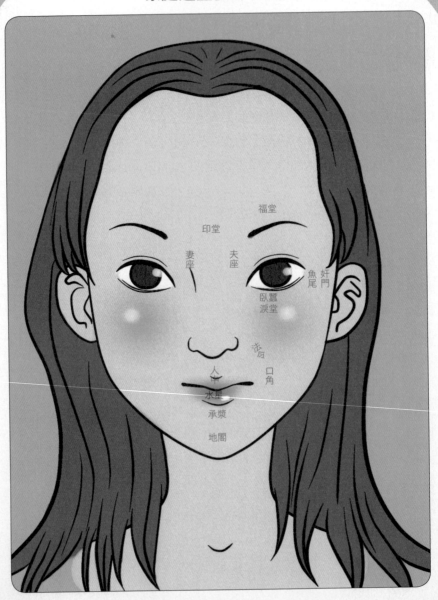

四、家庭運與改運美容的關係

　　家庭運包括夫妻感情、子女關係，有人容易建立和樂家庭，因子女而更美滿；有人卻夫妻生活不融洽，一生為丈夫、子女操勞煩憂。家庭運的興衰反應於面相氣色，擁有良好家庭運的女性，額頭寬廣、明亮無斑點、惡紋，形態端莊，眉型秀長柔順，眼睛大小適中有神，眼四周色明氣清，臥蠶豐潤，法令不顯，鼻樑挺立，金甲內收，耳形輪廓分明有彈性，人中潤深，兩顴豐滿，唇色紅潤，這些都是能擁有圓滿家庭的良相。

印堂：直接反應近況之部位，宜採粉底修飾。

眼四周：魚尾、奸門為妻妾宮，臥蠶、淚堂為子女宮，為觀看夫妻關係及子女緣份之部位，故應保持爽朗氣色。

法令：此紋路宜隱約不明，避免予人嚴厲感覺而不易親近，可利用粉底或蓋斑膏修飾，色澤保持明亮。

人中、水星：表夫妻間感情融洽與否，不宜有惡色或不良斑痣，否則不利夫妻運。

承漿、地閣：此處豐明則運勢佳，易得夫恩，受子女尊重，邁向老年，子女出息、孝順。

腮骨：即雙頰，宜豐潤不宜高突，且氣色紅潤可一生平順舒適，少有波折。

婚姻運重要部位圖

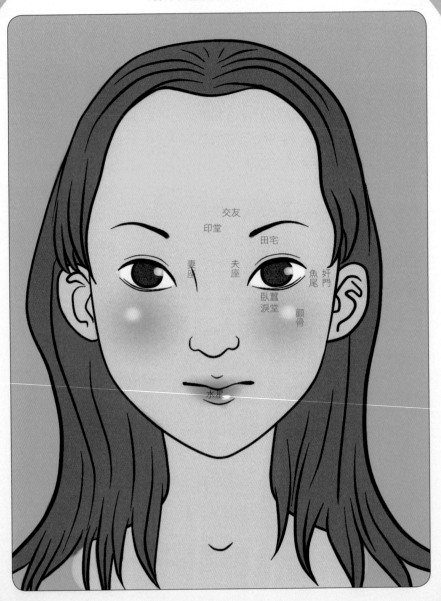

五、婚姻運與改運美容的關係

　　五官的長相，隱隱中已透露了愛情運和婚姻運。不管是予人好感的圓形臉或蛋形臉、純樸的方形臉，或是感受性強、多情性的心性質臉，每一種臉型對感情的態度都不同。眉毛的長短、粗細、濃淡代表對愛情、婚姻的重視程度。眼為靈魂之窗，可由此窺見一個人的天性及內心感受；眼四周反應異性緣及婚姻狀況，比擬為愛情溫度計再恰切不過了；嘴形大小、厚薄、形狀顯示出對愛情的熱力，以及性的滿足度。

　　在此僅提出與愛情、婚姻相關之部位及氣色探討，若這些部位無紅潤氣色，可以用按摩或利用彩妝技巧來改善，並保持一顆樂觀、積極的心來待人處世，以創造美好人生。

印堂：亦稱命宮，為判斷近況吉凶的重要部位。

夫座、妻座：顯示夫妻情感，或與異性關係。

魚尾、奸門：象徵兩性交往，反應情感變化之部位。

交友：觀看社交運，與異性、同性的交往是否順利。

田宅：此處寬潤飽滿無異色，表人緣佳，社交運不錯。

臥蠶：不宜凹陷暗滯，為兩性間生理、心理交往協調的反應區。

顴骨：宜豐潤，忌高突尖削。若此部位形差，與人交往易起衝突，不利感情的維持與發展。

田宅運重要部位圖

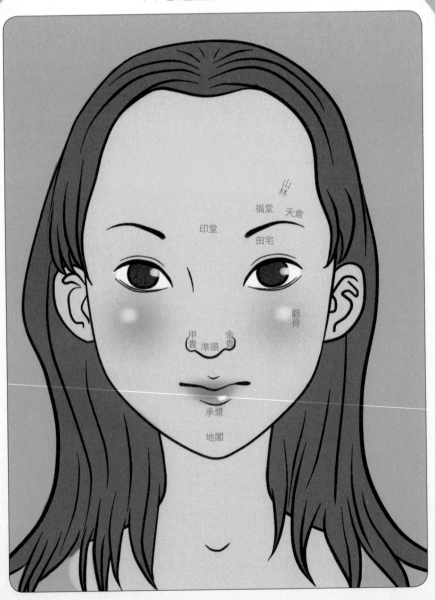

六、田宅運與改運美容的關係

　　田宅運指不動產方面，與財運息息相關，有來自祖產或靠自己奮鬥爭取的。擁有不動產之面相部位及氣色，都有跡可尋。

山林：山林豐滿，氣色明潤，將因土地而獲利。

福堂、天倉：代表近來運勢，若想投資不動產，此處不當有暗滯之色。

印堂：如同溫度計，確實呈現近期之吉凶，故宜保持氣色明朗。

田宅：眉、眼間為田宅宮，宜廣潤、明潤，且無傷疤、亂紋、惡痣，可得祖產。

顴骨：宜豐潤有光澤，代表此人之權力、毅力、決策力，欲有所為，尚需靠自己努力奮鬥。

準頭、金甲：為鼻頭、鼻翼，象徵財運之處，宜肉豐色潤，可帶來財氣。

下巴：指承漿、地閣，宜豐圓色佳為福氣之相，表物質生活充裕。

美麗の創意革命

權勢運重要部位圖

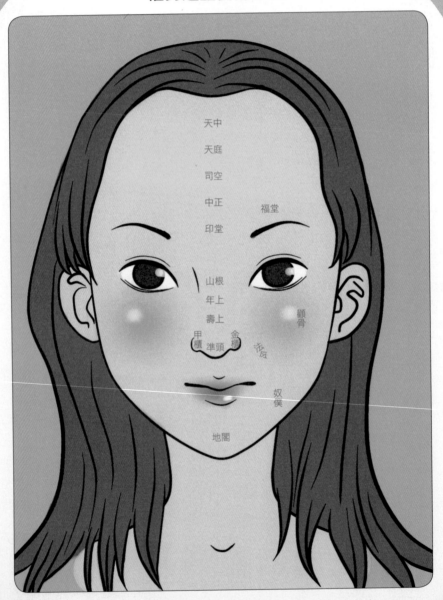

天中
天庭
司空
中正
印堂
福堂
山根
年上
壽上
顴骨
甲櫃
金櫃
準頭
奴僕
地閣

110

七、權勢運與改運美容的關係

　　在機關或單位，能居要位且持有權勢而不傾，駕馭部屬且受其擁戴，都可從面相氣色上得知，若無好面相配合，恐受部屬牽連而無法久居其位。

上停部位：包括日月二角，天中、天庭、司空、中正、印堂、福堂，與官祿運、事業運相關。此部位若形狀佳、氣色潤，能位居要職，於事業場上得心應手。

鼻子部位：包括山根、準頭、金甲，與命宮同樣屬於運勢的氣象表，印堂、山根、年壽、準頭為性命之根本，宜色澤清明，若暗滯不開，恐有破財失官之災。

顴骨、法令：顴骨、法令代表權與勢，實權在握之人。顴骨豐潤，法令明顯，望之儼然，即之也溫，受部屬敬重。

奴僕、地閣：此部位宜豐潤，代表部屬對自己的忠誠度，若尖削無肉，易為部屬所累。

財運重要部位圖

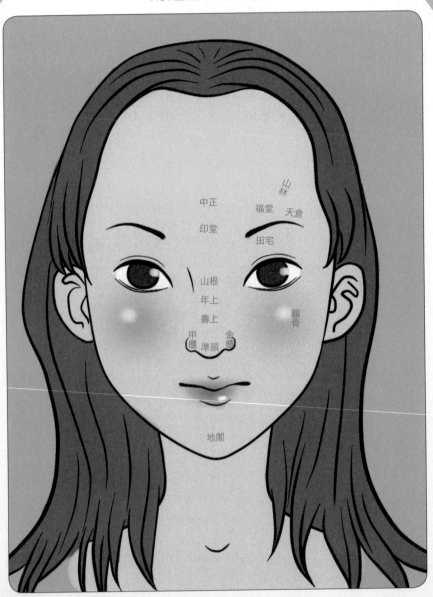

八、財運與改運美容的關係

　　金錢人人追求，有的人終生辛勤工作卻不聚財，有的人卻財源不斷；有人一臉財氣，有人卻一副窮酸樣，財運究竟為何？以下將分述有關財運的重要部位：

上停部位：中正部位代表事業工作，印堂代表意志、勇氣；福堂、天倉代表現在與未來之財運；山林、天倉代表父母的庇佑，包括祖產及他人的助力。

田宅：代表不動產、財運及精神狀況，此處寬厚易得父母庇蔭及長輩金錢資助。

鼻子：包括山根、年壽、準頭等，亦稱「財帛宮」，象徵金庫。鼻樑挺直、鼻翼豐厚，金甲內縮有力，自然財源不絕。

顴骨：代表人際關係及權勢，顴骨形佳表人際關係好，自然機會多，人緣佳，自可掌握人心，有權便有財，兩者相輔相成。

人中：為財庫（鼻）與錢包（嘴）的管道，人中深潤，財源自然順暢。

地閣：表統御力及與部屬關係，因為部屬有時是爭取金錢之管道。地閣豐厚圓潤，福氣大，財運佳。

新娘命造美容重要部位圖

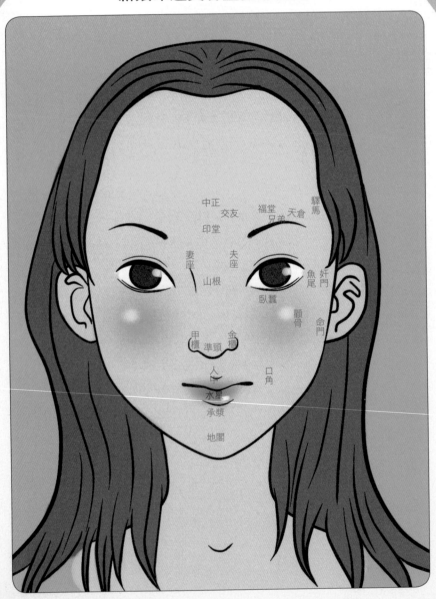

九、新娘命造與改運美容的關係

　　婚姻是女人一生中最大的變數，凡是女人無不追求美滿婚姻，除合八字擇吉日，亦應特別注意結婚當日的「妝」。若化妝能夠擇時動筆，靈動力當更為加強，再配上八卦八門開富貴幸福生氣之門，效果尤佳，更達天人合一之妙。

　　新娘化妝美容力求嬌艷動人，臉部化妝均採明亮華麗色系，忌暗滯無光。即使是加強鼻樑，亦以深淺不一之自然膚色或咖啡色突顯；若臥蠶（下眼瞼）有弧型眼眶，以淺色粉底修飾即可；畫眼線時，宜採咖啡色、紫色或其他明潤色系，忌用黑色；眼四周象徵婚姻生活是否美滿，可刷上高彩度眼影；唇型則配合臉型修飾，不妨將嘴角微畫上揚，彷彿笑臉迎人。口紅的選擇以紅潤華麗為主。耳環的選用以本身年命配合五行所需之配飾，以大小適中、明亮大方、美麗精緻為主，以應水星（嘴唇），當得富貴長壽。鼻子代表夫星，眼四周象徵夫妻情感，下巴代表福氣，上停為富貴之象徵。相關注意事項前幾章已提過，以下僅將部位提出以供參考。

上停部位：中正、印堂、交友、福堂、天倉、驛馬。

眼四周：兄弟、田宅、魚尾、奸門、臥蠶、夫座。

中停部位：山根、年壽、準頭、顴骨、命門、人中。

下停部位：水星、口角、承漿、地閣、臉頰。

Face Foundation Make up

如何創造 完美底妝

上妝前 **Before**

洗好臉，準備上妝了

上妝時，有些小技巧，可以讓你變得自然而美麗。千萬不要為了讓自己變白，認為白的粉底就能讓自己變白，而把化妝當成「塗牆」。其實化妝是要選擇適合自己的方式，這樣你才能輕易成為自然而又開運的美人兒。

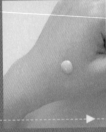

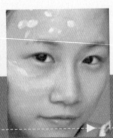

1 在臉頰上測試篩選出和自己膚色最相近的粉底顏色。

2 半邊臉只要大約半粒花生米大就好。

3 平均把粉底點上，量少，但可多點幾個部位。

4 由下往上，由內往外，輕柔的推開粉底。

自然光透的彩妝，不只看起來美麗而自然，更能來好運氣。膚色黯沉，氣色看來就不佳。如果想讓黯沉的膚色看來看加明亮、有血色，可在上妝前，使用飾底乳來修飾膚色。飾底乳在使用時，可局部使用於眼球下方的三角部位，即可讓眼部周圍變明亮。也可加強T字部位、C字部位，讓臉部變得更立體，在上的時候，由內往外，由上往下均勻塗抹。

完成 **After**

上完半邊的粉底後，現在左右兩邊的差異是不是很大？

5 處理好大範圍之後，再處理細部。眼睛四周一樣點上剛才還沒用完的粉底。

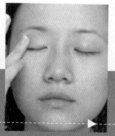

6 眼睛四周的粉底，要更輕柔，最好以按壓方式，將眼睛的粉底推開。

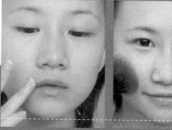

7 用剩餘粉底，輕壓嘴角及鼻翼下方。

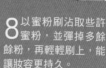

8 以蜜粉刷沾取些許蜜粉，並彈掉多餘餘粉，再輕輕刷上，能讓妝容更持久。

7大底妝密技

沾取：粉底要輕輕沾，才不會上太厚

上乳液狀的「智慧型保濕粉底」手勁要輕柔，輕輕劃過臉部肌膚即可，打出來的底妝才會薄透。分次沾取，全臉分成「左頰」、「右頰」、「上額」、「鼻樑」、「下巴」，細細地按照正確的手勢上妝。

順序：先從臉的大面積打底

底妝要先從容易脫妝大面積（雙頰和T字部位）開始，向臉周邊推開，可用淡色粉底加強T字部位，使臉更立體。

唇周圍的妝不能太厚，說話和吃東西次數多，唇邊的粉妝如果太厚，容易龜裂成陽婆婆般的小細紋。

用量：少於1塊錢銅板大小的量

乳液狀的保濕粉底液，整臉的用量不超過一塊錢銅板大小。

餅狀的防曬兩用粉餅用作底妝時，將海綿沾濕後（建議用冷開水或保濕化妝水），每次沾約海綿一半的量，可以擦半邊臉頰和額頭全部。

以均勻遮瑕、清透自然為原則；使用粉底以量少多次為原則。用量太多，會像塗水泥牆，很不自然。

工具：「手指」或「海綿」各有好處

手指：手指有溫度，有點微溫能讓皮膚更吃妝、底妝更服貼、有光澤。

海綿：快速、而且能吸收一些粉底在海綿上，底妝會比較輕薄自然。

海綿保養：交替用，持久又乾淨

上底妝時，臉上仍有正常量的油脂存在，會跟著粉底一起吸在海綿上，每塊海綿用了兩到三次就應該清洗，才能維持底妝的乾淨清爽。最好兩塊海綿交替使用，每塊海綿使用一個月以上就應該淘汰換新。

顏色：粉底試在臉上最準

選擇目測相似的顏色在臉頰上測試篩選粉底顏色。

千萬不要為了貪方便在手上測試，手部與臉部有色差。

定妝：蜜粉刷定妝，刷出光澤感

餅狀的防曬兩用粉餅當蜜粉用時，用蜜粉刷薄薄地上一層，刷出粉霧質地的妝感。

粉狀的蜜粉用蜜粉刷薄地上一層，皮膚透出亮亮的光澤感，刷出絲緞質地的妝感。

改運美容之擇日學
與化妝部位的抉擇

　　中國人非常注重時間的選擇，舉凡祈福、剃頭、出行、婚嫁、交易、入屋、上任、沐浴、拆卸等等，任何特殊的活動都得取良辰吉時。主要是為了得好天時，如再配合人和或地利，就可萬事如意，而獲得大多數人的信賴。說是迷信，此情況卻千年不改，自有其道理，值得我們去研究。不妨將其迷信成份去除，而保留住其合道理、意義的地方，且加以發揚光大。

　　改運美容也不例外，如感覺近來不順利，就可用化妝美容來改變目前逆境。選定良辰時，動手化妝前，心中要不斷暗示自我從今以後厄運得解、災煞速離，祈求你所信的神加將持佑護。如能常常行之、想之，自可扭轉機運，帶來好運。

一、改運美容之擇日

　　改運美容擇日，如何選擇呢？可區分為二種，一為通法，二為別法。通法只要黃曆上是吉日良辰時，人人皆可通用；別法就要配合個人的出生年、月、日、時，來探其吉凶禍福，因每人的命理不同，擇日就有所不同。

　　以下即是根據農民曆來擇日、擇時的解說方法，由每日宜忌及月日吉凶神，找出適當的日子。

農民曆實例解說

項目	一日	二日	三日	四日	五日	六日	七日	八日
國曆（一月大三十一日）(10)	一日	二日	三日	四日	五日	六日	七日	八日
星期 (14)	星期一	星期一	星期二	星期三	星期四	星期五	星期六	星期日
備註 (11)	中華民國開國紀念日	農曆十二月開始	月德合日	歲德日	午時 交小寒十二月令		六月德日	
農曆 (13)	二九	三十	初一	初二	初三	初四	初五	初六
干支 (15)	甲午	乙未	丙申	丁酉	戊戌	己亥	庚子	辛丑
五行 (16)	金	金	火	火	木	木	土	土
九星 (17)	綠四	黃五	白六	赤七	白八	紫九	白一	黑二
二八宿 (18)	星	張	翼	軫	角	亢	氐	房
建除 (19)	破	危	成	收	開	閉	閉	建
沖煞 (6)	沖鼠 煞北 36	沖牛 煞西 35	沖虎 煞南 34	沖兔 煞東 33	沖龍 煞北 32	沖蛇 煞西 31	沖馬 煞南 30	沖羊 煞東 29
胎神 (7)	房內碓	碓磨廁 房內北	廚灶爐 房內北	倉庫門 房內北	房床栖 房內南	占門床 房內南	占碓磨 房內南	廚灶廁 房內南
時凶 (8)	戊辰亥巳	戌亥寅卯	戌辰酉子	酉子戌辰	申	午戌	酉丑申	申寅亥卯
時吉 (9)	卯未	辰酉	申戌	子午	子午	卯酉	亥卯	辰未

宜忌（(20)）

一日
宜　祭祀 破屋 求醫 壞垣
⊙日值月破大凶日吉事不宜
●忌　動土安門 破土作灶

二日
宜　訂婚 開光 求嗣 修造攢木 啟攢
　移徒入宅 啟攢安葬 齋醮祈福
●忌　動土安門

三日
宜　訂婚 開光 裁衣 祈福 求嗣 修造 攢木 啟攢 安葬
　移徒 出行 治病 出火 起基 掛匾 成服 齋醮
●合朔十三時十六分
●忌　破土作灶

四日
宜　裁衣 略嫁娶 進入口 結網
　安床 祭祀 掃舍 補捉
●忌　伐木 納畜 造番穧 開生坟

五日
宜　動土 訂盟 安門 用親友
　安床 移徒 除成服 敗獵
●忌　開市 安葬 破土 修坟 做樑

六日
宜　節前宜：出行 合帳 裁衣 出火 安門 徒補寒穴
　節後宜：訂婚 納采 祭祀 祈福 求嗣 設醮 會親友
　刀
●忌　開市 入宅 入殮

七日
宜　交易 納財 入殮 啟攢 安葬 修造 立券
　祭祀 福求嗣 齋醮 訂盟 合帳 裁衣 安床 立券
●忌　嫁娶入宅 開光置產

八日
宜　祭祀 解除
⊙日值月建會三喪往亡正紗凶多吉少吉事不宜

國曆 一月大三十一日 (1)

農曆 十二月大 (2)
自十二月初四日午時小寒起
至正月初三日夜子時立春前
為乙丑月

人胎神占房床
豬胎神占在栖
牛胎神占房床
羊胎神占碓磨
馬胎神占房床

九星 (3)：白 綠 白／赤 碧 黃／紫 黑 白
危為月朔 (4)
方東煞月 (5)
煞沖日每 (6)
神胎日每 (7)
時凶日每 (8)
時吉日每 (9)

小寒（中間欄）(12)
小寒
日出：六時十一分
：：：：十一時四十一分
日沒：十七時十八分

太陽過黃經
二八五度氣
候稍寒

種植
北部：菜豆、菜頭、蘿蔔
中部：金瓜、冬瓜、南瓜、西瓜、石弓柏
南部：苦子菜、冬瓜、金瓜、西瓜、皇帝豆石弓柏

漁撈
蘇澳：流齒、釘
基隆：釘鯉、辣魚（淡水）
澎湖：沙魚狗母、龍蝦、辣魚

1. 國曆月份及大小月。

2. 農曆月份及節氣起訖日。

3. 每月九星輪值表，中為主星。

4. 每月二十八宿輪值，二十八宿為角、亢、氐、房、心、尾、箕、斗、牛、女、虛、危、室、壁、奎、婁、胃、昂、畢、嘴、鬼、參、井、柳、張、翼、軫，每一宿每值之日有其宜忌。

5. 月煞方向按每月支三合的方位來決定。

6. 每日沖煞，沖是與日支對沖，煞是逆日支三合方向。。

7. 每月胎神所在之位置，孕婦該注意，以免動了胎氣。

8. 每日凶時，按每日干支之沖煞剋及黑道神主位而定。如天刑、朱雀、白虎、天牢、元武、勾陳等。

9. 每日吉時，如日祿時神、天乙貴人、喜神。

10. 當天國曆日期。

11. 當日星期幾。

12. 節日及當日紀要。

13. 當天農曆日期。

14. 節氣。

15. 當天輪值之干支。

16. 每月干支納晉五行。

17. 每日九星輪值之主星。以決定有利之才位。

18. 每日輪值廿八宿。

19. 每日輪值之建除十二神，為建日、除日、滿日、平日、定日、執日、破日、成日、收日、開日、閉日，每日均有其宜忌。

20. 每日宜忌之解說。

　　筆者認為，改運美容應重吉時，因每天都有吉時，可利用吉時美化妝美容。日吉則可不用太重視，如有重大事情再配合兩者即可。

　　別法如向來配合生辰八字，將每日時辰依甲子天干地支，配合玄空五行六十四卦法，求其卦體、卦運的吉凶的三元法。筆者認為説三元法配合「三合擇日」，當可選擇更理想的時辰。

二、化妝部位的抉擇

　　前面討論美容化妝擇日，這裡則討論到重要的臉部方位化妝。其要訣分為二種，與擇日相同，有通法、別法之分。

臉部化妝方位抉擇通法

自古以來有流傳下來的臉部八卦八門的圖法，此法把臉部分為八個方位，即所謂八門，來探求氣色吉凶之象。

休門：即坎位，位於臉上正北方，五行屬水。黑暗主破祖業，防水厄；黃主
　　　病及破財；青主奔憂，紅潤色主得財，謀事順利。

生門：即艮位，位於臉上東北方，五行屬土。黑暗主破財，兄弟刑剋，自主
　　　病；黃主被困；紅潤所求可成。

傷門：即震位，位於臉上正東方，五行屬木。黑者主不測風險，刑剋妻子；
　　　青主諸事不利；紅潤主大運亨通，婚姻緣動，謀事有成。

杜門：即巽位，位於臉上東南方，五行屬木。黑暗主破財，並防盜賊；黃主
　　　病，青暗不利遠行；紅潤時運通達、有財。

景門：即離位，位於臉上正南方、五行屬火。黑暗主功名不利；青主盜災、

　　　　自主破耗；黃主意外之驚；紅潤主名利成就。

死門：即坤位，位於臉上西南方，五行屬土。黑暗主妻子或母有災及不利田
　　　糧；紅潤色主有利遠行，不動產及財運。

驚門：即兌位，位於臉上正西方，五行屬金。黑暗主用人不利，易受友所牽
　　　累；黃主失財；青色主驚恐；赤色主官訟，紅潤色可高昇和財利，與
　　　部屬和睦。

開門：即乾位，位於臉上西北方，五行屬金。黑暗主剋父母及長子，防金石
　　　之厄；紅潤主出入遇貴，謀事得成。

臉部配上八卦八門，在奇門遁甲中，有所謂三吉門，三吉門即生門、休門、
開門。景門不吉不凶，其餘凶門、驚門、傷門、杜門及死門，因此臉上化妝
方位的選定，就通法來說，不分年齡老幼，不計時辰，可從八方位中三吉門
部位開始下手。

面相八卦八門圖

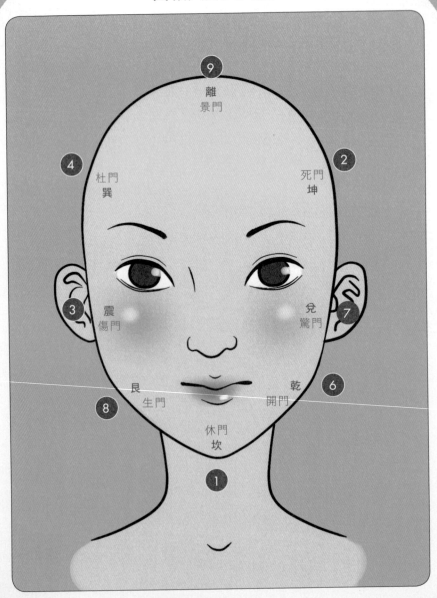

臉部化妝方位抉擇別法

　　臉部改運化妝下手方法抉擇別法，就是依每人的年命，分陰陽東西兩個性相磁性，而後再配八方位及八卦磁向，依每個人所屬性的八卦，再算出每卦所屬的健康位、發展位、安定位三個方位。健康位即是長壽運、健康運之部位。發展位，即有功名運、財富運、社交運、感情運、事業運的重要部位。安定位，即是家庭運、夫妻運、平安運的部位。例如民國三十六年生的女子，查男女出生年干支命卦表，得知屬西四命兌卦，其改運化妝臉部部位，可再查生理磁向改運部位表，八卦欄中兌卦，查知發展位在乾、健康位在艮、安定位在兌，再對照八卦八門面相圖即可找出其所在部位。其他各年命及各化妝改運部位，可就同樣方法對照表格，找出其方位中最宜開始化妝，最重要的面部方位，如能再度配合美容改運獨門擇日學，針對面部各部位的缺點，來配合色彩、髮型的運用，可扭轉人生的一大機會。

本命卦是依照出生年換算成八卦的代號，其計算公式如下：

後天	1	2	3	4	5	6	7	8	9
八卦	坎	坤	震	巽	五黃	乾	兌	艮	離

計算公式：

男命：（100 - 出生年）÷ 9 →求餘數

女命：（出生年 - 4）÷9 →求餘數

以上各算到個位數，1、3、4、9屬東四命，2、5、6、7、8屬西四命。

東四命：坎、離、震、巽。

西四命：乾、坤、兌、艮。

例1952年出生：

男子：（100 - 52）÷ 9 → 餘數為3　■3屬震，故該年出生的男子屬震東四命

女子：（ 52 - 4）÷9 → 餘數為3　■3屬震，故該年出生的女子屬震東四命

所有算出之數，如果餘數為5，男命為坤卦，女命為艮卦，如果沒有餘數，皆為離卦，西元2000年後，暫時不能以此公式算。

1924～2013年男女干支命宮表

出生年份	花甲	男命	女命	出生年份	花甲	男命	女命
1924	甲子	巽木	坤土	1947	丁亥	艮土	兌金
1925	乙丑	震木	震木	1948	戊子	兌金	艮土
1926	丙寅	坤土	巽木	1949	已醜	乾金	離火
1927	丁卯	坎水	艮土	1950	庚寅	坤土	坎水
1928	戊辰	離火	乾金	1951	辛卯	巽木	坤土
1929	已巳	艮土	兌金	1952	壬辰	震木	震木
1930	庚午	兌金	艮土	1953	癸巳	坤土	巽木
1931	辛未	乾金	離火	1954	甲午	坎水	艮土
1932	壬申	坤土	坎水	1955	乙未	離火	乾金
1933	癸酉	巽木	坤土	1956	丙申	艮土	兌金
1934	甲戌	震木	震木	1957	丁酉	兌金	艮土
1935	乙亥	坤土	巽木	1958	戊戌	乾金	離火
1936	丙子	坎水	艮土	1959	已亥	坤土	坎水
1938	戊寅	艮土	兌金	1960	庚子	巽木	坤土
1939	已卯	兌金	艮土	1961	辛醜	震木	震木
1940	庚辰	乾金	離火	1962	壬寅	坤土	巽木
1941	辛巳	坤土	坎水	1963	癸卯	坎水	艮土
1942	壬午	巽木	坤土	1964	甲辰	離火	乾金
1943	癸未	震木	震木	1965	乙巳	艮土	兌金
1944	甲申	坤土	巽木	1966	丙午	兌金	艮土
1945	乙酉	坎水	艮土	1967	丁未	乾金	離火
1946	丙戌	離火	乾金	1968	戊申	坤土	坎水

出生年份	花甲	男命	女命
1969	己酉	巽木	坤土
1970	庚戌	震木	震木
1971	辛亥	坤土	巽木
1972	壬子	坎水	艮土
1973	癸醜	離火	乾金
1974	甲寅	艮土	兌金
1975	乙卯	兌金	艮土
1976	丙辰	乾金	離火
1977	丁巳	坤土	坎水
1978	戊午	巽木	坤土
1979	己未	震木	震木
1980	庚申	坤土	巽木
1981	辛酉	坎水	艮土
1982	壬戌	離火	乾金
1983	癸亥	艮土	兌金
1984	甲子	兌金	艮土
1985	乙丑	乾金	離火
1986	丙寅	坤土	坎水
1987	丁卯	巽木	坤土
1988	戊辰	震木	震木
1989	己巳	坤土	巽木
1990	庚午	坎水	艮土

出生年份	花甲	男命	女命
1991	辛未	離火	乾金
1992	壬申	艮土	兌金
1993	癸酉	兌金	艮土
1994	甲戌	乾金	離火
1995	乙亥	坤土	坎水
1996	丙子	巽木	坤土
1997	丁醜	震木	震木
1998	戊寅	坤土	巽木
1999	己卯	坎水	艮土
2000	庚辰	離火	乾金
2001	辛巳	艮土	兌金
2002	壬午	兌金	艮土
2003	癸未	乾金	離火
2004	甲申	坤土	坎水
2005	乙酉	巽木	坤土
2006	丙戌	震木	震木
2007	丁亥	坤土	巽木
2008	戊子	坎水	艮土
2009	己醜	離火	乾金
2010	庚寅	艮土	兌金
2011	辛卯	兌金	艮土
2012	壬辰	乾金	離火

生理磁向改運部位表

陰陽	磁向	出生年次（民國）		八卦	改運部位		
		男性	女性		發展位	健康位	安定位
西四命	東北	男：9.18.27.36.45.54.63 72.81.90.99	女：7.16.25.34.43.52.61 70.79.88.97	艮	坤	兌	艮
	西方	男：1.10.19.28.37.46.55 64.73.82.91	女：9.18.27.36.45.54.63 72.81.90.99	兌	乾	艮	兌
	西北	男：2.11.20.29.38.47.56 65.74.83.92	女：8.17.26.35.44.53.62 71.80.89.98	乾	兌	坤	乾
	西南	男：3.12.21.30.39.48.57 66.75.84.93 男：6.15.24.33.42.51.60 69.78.87.96	女：4.13.22.31.40.49.58 67.76.85.94	坤	艮	乾	坤
東四命	東南	男：4.13.22.31.40.49.58 67.76.85.94	女：6.15.24.33.42.51.60 69.78.87.96	巽	坎	震	巽
	東方	男：5.14.23.32.41.50.59 68.77.86.95	女：5.14.23.32.41.50.59 68.77.86.95	震	離	巽	震
	北方	男：7.16.25.34.43.52.61 70.79.88.97	女：3.12.21.30.39.48.57 66.75.84.93	坎	巽	離	坎
	南方	男：8.17.26.35.44.53.62 71.80.89	女：2.11.20.29.38.47.56 65.74.83.92	離	震	坎	離

●發展位：財富運、功名運、感情運

●健康位：長壽運、健康運、祛病運

●安定位：家庭運、平安運、夫妻運

如何輕易上好下睫毛

齒間刷超好用

由於下睫毛短，不易上睫毛膏，所以我們可以利用齒間刷，來做成一支專為下睫毛而設計的睫毛刷！

只要將睫毛膏刷在齒間刷，讓刷毛由白變黑，就立刻擁有一隻超便利好用的下睫毛專用刷。

1 準備好齒間刷，沾上所需的睫毛膏，當然可以變換成其他所需的顏色。

2 當齒間刷變了顏色，就OK，成為下睫毛專用的睫毛刷了！

微笑唇修飾法

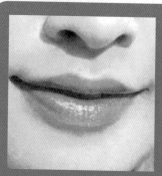

自然微笑妝感

主要是讓嘴角往上提，並呈現乾淨的線條。

1.用唇刷沾取純白腮紅（不可帶珠光）往嘴角畫上做修飾。

2 輕輕往下塗勻融合即可。

Make up for a job interview

完美面試妝

洗好臉，準備上妝了

如何在短時間內，讓面試官留下好印象？
面試妝的重點在呈現有精神、自信的感覺。宜
乾淨、明亮，避免過重的顏色，頭髮也別過於
散亂。不同的工作，有不同的要求，只要依工
作屬性別，加以變化即可。重點是，相信自己
一定做得到，好運一定會在身邊！
眼影可選咖啡色系，展現出自然且低調的感
覺，仿彿沒上妝，但增加了不少的立體感；如
是公關或業務，可選藍色或綠色系眼影，不
然還是以咖啡色系為佳。口紅可選橘色、豆沙
色，呈現成熟、專業的感覺。

1 以眉筆加強眉型：
眉毛間斷、過淡或
眉尾不足，用鐵灰色眉
筆加強描繪眉型。若有
染髮，可依髮色調整。

2 利用眼影刷刷上底
色：選擇接近膚色
的亮咖啡色，輕刷整個
眼窩。

3 加深眼影描繪：再
以深咖啡色眼影，
上在眼角及眼窩凹陷
處，描繪出層次感及立
體感。

4 以眉筆畫眼線：以
黑色眉筆於眼際處
畫上眼線，上眼皮眉尾
處線條往上拉，讓眼睛
上揚。下眼瞼於眼尾處
1/3畫上線條。

10 微笑上口紅：笑開一點，讓嘴角明顯出現，以橘紅色沿著嘴角再向內畫。唇峰不必特意強調，帶過即可。中間部分，再以唇蜜或亮色口紅加強點綴，增加亮澤度。

9 打亮皮膚：T字部位、眉骨，刷上白色腮紅打亮，眼頭下及眼尾下一指寬處，也同樣刷上的白色腮紅，以增加立體明亮感。

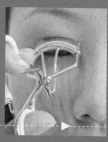

5 夾翹睫毛：在刷睫毛膏之前，先將睫毛夾好。夾睫毛時，將睫毛根部夾住、拉高五秒，讓睫毛直接上捲。

6 由睫毛根部往上刷：刷睫毛膏時，由根部往上刷，讓睫毛根根分明，尾部不要刷過重，而是加強根部。

7 利用齒間刷刷下睫毛：將準備好的齒間刷來刷下睫毛，輕鬆刷好每根下睫毛，又不怕沾染。

8 微笑上腮紅：稍微笑一下，在顴骨高聳的地方，斜上刷上桃紅色腮紅。

Make up tips for the first date

利用彩妝
招桃花

上妝前 **Before**

洗好臉，準備上妝了

為了增加桃花，色系上的選擇大多以桃紅色、粉紅色、紫色來搭，以突顯出女性柔美、動人的感覺，同時把多餘的角拿掉，盡量柔合線條，讓人感覺更為親近。在唇彩的選擇上，可選用粉紅、淡橘色，再加上唇蜜，製造成水潤的光澤感。

1 加強眉型：使用棕色眉筆來描繪加強眉型，約會妝可比面試妝再粗一些，但角度比較沒那麼重。

2 沾取眼影：用手指沾取粉紅色眼影，點在眼皮上，小心不要沾到下眼皮。

3 利用手指描繪：之後輕輕推開，由下而上，推滿整個眼窩。讓下面的顏色較重，而上面的顏色慢慢淡開。

4 使用眼影刷加深顏色：最來使用眼影刷，選擇紫色眼影在眼尾「く」字尾部位加強、加深。

9 閃閃動人的唇：口紅在上時，可以微笑一下，從嘴角往中間塗上粉紅色口紅，中間再加強點上唇蜜，製造出嬌艷欲滴的感覺。

5 畫眼線：黑色眉筆描繪眼際處，上眼皮眉尾處線條上提，描繪下眼瞼眼尾處1/3。淡粉紅色眼線筆描繪下眼線及眼頭「く」部位。

6 夾翹睫毛：在刷睫毛膏之前，先將睫毛夾好。夾睫毛時，將睫毛根部夾住、拉高五秒，讓睫毛直接上捲。

7 刷上睫毛膏：以Z字型的方式刷上睫毛膏，效果會更濃密，需注意眼尾要只要輕輕刷過，讓它根根分明。

8 腮紅：以粉紅或桃紅色腮紅用打圓的方式畫在顴骨上；用較深的腮紅修飾較方、長的臉型，但量不能多。

內眼線的畫法

眉筆取代眼線筆

用眉筆來畫內眼線，不只更容易上，且也容易卸，且呈現出來的感覺也很自然。而內眼線在畫時，可在下方放面鏡子，拉起上眼皮，下巴內縮，這樣就可以清楚看見，而輕易畫上眼線了。

膚色測試

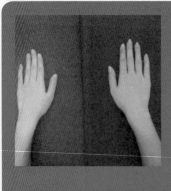

用不同的紅來選擇色系

每個人的膚色不同，而不同的膚色，適合的彩妝及衣服的顏色就有所不同，膚色我們通常可以分為偏青及偏黃兩種。

一般而言，偏黃的人適合暖色系，偏青的合適合寒色系。要如何快速知道自己是適合暖色系還是寒色系呢？這時不妨拿起兩塊不同的紅色布，一塊是偏橘的紅布，一塊是偏藍的紅布，再把雙手同時放在不同的布上比較，這時你就很清楚的看出，哪隻手變得更白、更美。

要是你的測試結果為——

適合偏橘的紅布：表示你適合暖色系的彩妝及衣服。

適合偏藍的紅布：表示你適合寒色系的彩妝及衣服。

看看照片中的圖，是不是很清楚的就知道，模特兒的手在偏橘的紅布上，看來起來更白，也就表示，她是適合暖色系的。

第陸章
髮型設計與改運美容

一、髮型的設計意義

　　現代婦女髮型變化多端，可是很多的髮型設計只是盲目地跟著流行時髦，而忽略適不適合自己。髮型的變化必須依自己的身材、臉型、髮質來設計，更要配合整體的型式、服飾、配飾等等，這樣才能使你美的更突出。

　　從美學的觀點來看，髮型美是依個人的喜好而設計，髮型本身是種符號的象徵，給人一種直接的反應。也就是說髮型設計給予人的心理原動力，形成一種命運的心理變化，而心理原動力的影響也左右了運氣及情緒。

　　宇宙任何事物都是陰陽相對，在易卦中，頭為天，天為陽，腹為地，地為陰，而頭部又可分為陰陽兩儀，顏臉為陽，頭髮為陰，從側面即可看出人類的頭如太極圖。

二、體型、頭型與臉型的五行分類

　　金形之人不嫌方，木形之人不嫌瘦，水形之人不嫌肥，火形之人不嫌尖，土形之人不嫌濁。神相篇詩曰：「木瘦金方水主肥，土形敦厚背如龜，上尖下闊名為火，五樣人形仔細推，木色青兮火色紅，土黃水黑是真容，只有金形是帶白，五般顏色不相同。」

體型的五行：

金形之人：聲音宏亮，身材似方又硬，清小秀麗，氣色不雜，肉不盈滿，骨不薄細，即骨肉堅實之人。

木形之人：身體挺直，長而瘦，四肢俱長，即腿比上身長，行為舉止清明溫柔。

水形之人：形潤圓潤（不是粗肥厚形），腹圓、腰圓、肩圓，行為舉止落落大方。

火形之人：上半身較細，下半身較寬廣，亦即上尖下寬，行為舉止較急躁，久坐不倦。

土形之人：身形又肥又厚，背隆腹厚腰厚，肉輕骨重，行為舉止斯慢，臥久而安。

頭型的五行：

金形頭：頭型為方形頭。

木形頭：長形頭，瓜子頭。

水形頭：圓形頭，寬圓頭。

火形頭：高形頭、尖形頭、三角形頭。

土形頭：寬形頭，短形頭。

臉型的五行：

金形臉：臉型四方形，鼻樑高，頰骨高，下顎寬而方。

木形臉：臉型長形，鼻直臉長，為瓜子臉、卵形臉。

水形臉：臉型為圓形臉、寬圓臉。

火形臉：臉型三角形，額狹小、顴骨大、鼻大、地閣大，為心形臉、稜形臉。

土形臉：臉型田字形，天庭肥滿，地閣方圓，雙頰豐滿，為短型臉、寬形臉。

髮質的陰陽性分類：

陽性髮質：粗、硬、剛。形狀特徵：波浪狀，往上捲、外捲。

陰性髮質：軟、柔、細。形狀特徵：往下捲，垂直狀，內捲。

三、髮型的五行分類

金形髮型：為方形髮型。分為重金形陽性金形髮型、輕金形陰性金形髮型。

● 陽性金形髮型是髮多又厚，髮絲成波浪狀，大捲、外捲。

● 陰性金形髮型是髮少且薄，髮絲或內捲或細長形髮。

木形髮型：此形為上下長條形，從正面視之，兩旁髮薄。若依頭髮的長短，可分為長木形及短木形，依髮絲曲直又分為陽性木形長型與陰性木形長形。

● 陽性木形髮型其髮絲是捲髮，上揚或外捲，或起伏波浪狀。

● 陰性木形髮型其髮絲是長直垂下或內捲。

水形髮型：其髮型為圓形或寬圓形，分陽性水形及陰性水形髮型。

● 陽性水形髮型屬流水，外捲上揚或波浪形。

● 陰性水形髮型屬靜水，內捲或直長形。

火形髮型：其形狀為髮頂呈尖形、倒三角形，或結成髮辮、髮束。此形亦分為陽性火形髮型和陰性火形髮型。

● 陽性是屬於烈火形、衝天形，髮絲外捲、上捲或是大波浪狀。

● 陰性是屬於溫火形，其髮絲呈小波浪狀順垂而直下或內捲。

土形髮型：髮型寬厚，髮多且往二側伸展。

此形亦分為陰性、陽性之髮型。

● 陽性土形屬於厚土形，其髮絲往上捲，或大捲波浪狀。

● 陰性土形屬於薄土形，其髮絲成細直長，或小波浪狀。

四、頭部前視改運髮型整合設計

　　改運髮型在設計上，以五行為基準，再配合頭型、體型及髮質。其運用是以五行相生相剋的原理來設計，臉型五行過旺，則用相剋原理的設計。

金形臉陽性土形髮

金形臉陰性土形髮

╱ 金形人且金形之臉

形狀特徵：肩寬而方，方形臉，鼻樑高。

改運髮型五行設計：此種髮型以火形髮型相剋法改運，或以土形相生法來助運。重金形的人以烈火形陽性火形或薄土形陰性土形之髮型來設計。輕金的人以溫火形陰性火形或厚土形陽性土形之髮型來設計。

改運髮型設計方法：

1. 分髮以側邊為準。
2. 頭型側視為金形頭、火形、土形者則應考慮避免以下方法。
3. 兩側頭髮能掩蓋住突出的兩頰之部分。
4. 前額髮略呈曲線或側捲，使兩側方形呈現弧度狀。

金形臉陽性火形髮

金形臉陰性火形髮

木形臉陽性金形髮

木形臉陰性金形髮

2 木形人且木形之臉

形狀特徵：長形臉、頭長型、蛋形臉。

改運髮型五行設計：此種髮型設計以金形相剋改運，或以水形髮型相生來助運。

若為長木形，應以重金形陽性金形或以細水形陰性金形來設計。而短木形應以輕金形陰性髮型或以粗水形陽性水形來設計。

改運髮型設計方法：

1. 頭無側視為金形頭型、木形或水形者，應考慮避免以下之使用方法。
2. 分髮以側邊為佳。
3. 兩側頭髮蓬鬆一些而呈弧度。

木形臉陽性水形髮

木形臉陰性水形髮

水形臉陽性金形髮

水形臉陰性金形髮

3 水形人且水形之臉

形狀特徵：臉型為寬圓臉、圓形臉，髮際呈圓弧形，下巴也是圓弧形。

改運髮型五行設計：此種髮型設計以土形髮型相剋法來改運或以金形來相生助運。細水形的人以重金形陽性金形髮型或薄土形陰性土形髮型來設計。

改運髮型設計方法：

1. 頭型側視若是金形頭、水形頭或土形頭，則應考慮避免以下之使用方法。

2. 分髮以側邊為佳且留些頭髮在前額，以減少弧度。

3. 頭頂髮與兩側髮能拉齊以減少弧度。

4. 兩側頭髮些微掩蓋耳及面頰，用以減少圓型弧度。

水形臉陽性土形髮

水形臉陰性土形髮

火形臉陽性木形髮

火形臉陰性木形髮

 火形人且火形之臉

形狀特徵：臉型為稜形、三角，下半身寬大。

改運髮型五行設計：此種髮型設計以水形相剋改運或以木形相生來助運。若屬溫火形之人，應細水形或短木形來設計。若屬烈火形之人，應以粗水形或長木（寒木）形來設計。

改運髮型設計方法：

1. 頭形側邊為水形、火形或木形頭應避免以下之使用此法。
2. 分髮以中間為佳，因額中央屬離卦為火。
3. 用兩側髮端蓋住兩頰點。
4. 兩側頭髮蓬鬆一些較好。

火形臉陽性水形髮

火形臉陰性水形髮

土形臉陽性火形髮　　　　　　土形臉陰性火形髮

5 土形人且土形之臉

形狀特徵：臉型寬肥、寬大，天庭臉頰肥滿。

改運髮型五行設計：此種髮型設計以木形相剋原理來改運或以火形相生為助運。若薄土形為陰性土形，應以短木形陰性木形或烈火形陽性火形來設計。而厚土形為陽性土形，應以長木形陽性木形或溫火形陰性火形來設計。

改運髮型設計方法：

1. 頭型側視為火形、土形及木形頭應避免以下之使用方法。
2. 分髮以側邊為佳，以頭髮將天庭肥滿處微蓋住。
3. 額骨突出以微髮來掩蓋住。
4. 兩側頭髮使呈薄貼。

土形臉陽性木形髮

土形臉陰性木形髮

五、頭部側視的改運髮型設計

　　前已提過頭部側視圖如太極的陰陽兩儀，黑白分明。頭部側視的改運髮型，是以太極的原理來調整髮型設計。

　　依照頭部前額睫毛、眼睛、鼻樑、嘴唇和下巴，可以看出臉部的側視輪廓線及髮部的側視輪廓線是否直線或凹凸，而且可以看出側視臉部面積與髮部面積比例，就可調整化妝與髮型設計。

臉部側視輪廓線

直線形：兩儀動力在中間；髮型成S形，瀏海短梳，髮型呈大波浪或直線形。

凹側面：兩側動力在後；方法是將髮向前捲，瀏海梳到額前緊貼，以平衡額頭。

凸側面：兩儀動力在前；將髮向後捲，瀏海梳至額前，掩飾斜額，如此心理動力就能平衡。

直線形　　　　　　　　凹側面　　　　　　　　凸側面

髮型側視輪廓線

直線或扁平：其髮型為直髮、捲髮、大波浪皆可。

凹形側視：即凹陷頸；其髮型為大波浪或內捲長髮至頸以補平凹陷處。

凸形側視：即凸腦型；其髮型設計為下部頭頭髮外捲至頸，上部髮為小蓬鬆。

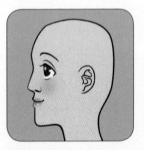 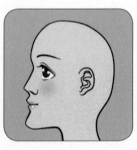 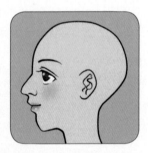

直線或扁平 　　　　　 凹形側視 　　　　　 凸形側視

臉與髮的面積比

髮多臉小：可將頭髮緊貼頭或略彎曲之波浪形。

髮少臉大或側視頭小：可將髮燙捲成蓬鬆。

髮多臉小 　　　　　 髮少臉大

六、髮型的改運小技巧

配戴髮飾法：配戴要配合自己的命宮、五行，如自己的五行屬火的人，就配戴火冶鍊的製品，如陶瓷飾品；屬木就佩木製髮飾；屬水之人，適合佩帶化學製品，如塑膠髮飾；屬金之人，就配戴金製或金屬製的髮飾；屬土之人就配戴玉飾。

髮飾的質料是以五行來配合，髮型也是。就別法，當就其命中欠缺及善用五行之法；如前所述，可選用合其命宮之顏色，接下來還會針對配飾、服飾的改運美容做更詳細的解說。

染色法：在所來運氣的卦位上按奇門九星氣色相配來藉色調氣，採局部染髮。所染的顏色下顎頸處若有垂髮，則染橙色為佳。右耳上髮染成紅色，左耳染成青碧色；右額上之髮際染成藍黑色，左額上染成草綠色；右下頰及頸之髮染淡紅色，左下頰染淡紫或紫黃色；前額上方之髮色為紫色。此染為挑染，將運氣卦位上之染髮成星氣之色，且以一次一卦位，集中調氣，以強化原動力。

結帶法：求改運卦位上按九星宮氣色的顏色，以適當的顏色的彩紙或絲帶結縛。

燙髮或捲髮：利用局部燙髮，主要設計的髮型是屬陰性或陽性來燙。陰性以內捲呈圓或小波浪為主；陽性以外捲呈圓或大波浪為主。

下列有幾點是民間的改運之法，供參考。

■**變換髮型**：即在三個月內變換髮型三～五次。

■**洗頭法**：此法是民間道家常用來洗除霉運之法。將一枚蛋放進水中煮熟後，將水倒進碗中然後選一種植物的枝葉，將枝葉浸於水中待水溫降，再拿此水來洗髮即可。

■**接喜氣法**：找幫新娘設計新娘髮型的設計師，在他幫新娘作好造型後的同一時辰或做完的一個時辰內，請他幫你做設計。

如何保養頭髮：

你是不是也想要有一頭明亮滑順的頭髮呢？其實在日常的洗髮，只要方法對，並不需要花大錢去做頭髮的特別護理！

超省！不到百元橄欖油保養DIY

在洗完頭之後，最後一次沖淨後，以一臉盆的溫水加4~5滴的橄欖油，將頭髮在臉盆中稍微浸泡，不必再沖水，用毛巾按乾即可。

這類的橄欖油在一般藥局即可購買得到，約台幣80元，不只可以保養頭髮，也可以拿來保養皮膚喔。

正確擦乾頭髮，更能保護頭髮

洗完頭髮，你是否就以毛巾，用力扭轉將頭髮扭乾？其實正確的方式，應該以大毛巾包起頭髮，然後輕輕按壓，慢慢地擦乾頭髮。若使用吹風機，也請不要將風速轉到最大，這樣很容易讓頭髮受傷而變得乾燥而變黃，吹乾頭髮，最好是以弱風，將頭髮慢慢吹乾，才不會傷到頭髮。

第柒章
服飾顏色選擇與改運美容

　　利用色彩來分析個性，當屬美國專家菲巴比達。根據其研究，喜好暖色系的人，如紅、橙、黃等個性較外向、活潑、社交能力較強；喜愛寒色者，多屬內向。由此可知，長期使用某一種色彩會影響一個人的身心情緒。古人說：「佛要金裝，人要衣裝。」可從人的外表、服裝來判斷，一個人的格調、風格、個性、韻味、地位。

　　由於生理、物理和習慣上的種種關係，人們會感覺有些色彩是顯著、靜止、活潑、真實、前進、輕快、溫暖、剛強和快樂。但另一方面人們也會覺得有些色彩是消極、深重、怯弱、柔和、清涼、保守、對比和後退。鮮明的色彩表現朝氣，晦暗的色彩呈現陰鬱，人們對色彩其實有著共通的感覺。

黑色：是一種莊嚴的色彩，可突顯出肌膚美，皮膚白的人，可穿此色，但皮膚棕黑或身體瘦長的人，不宜穿黑色服飾。

白色：白色有溫和的感覺，但也有寒冷的感覺，而白色有反射熱能的作用，因此夏天適穿它，皮膚棕黑者也適合穿白色衣服。

棕色：是一樸實的色彩，生活有規律和上了年紀的人多喜歡它。

紫色：有高貴的感覺，年紀大、皮膚棕黑，則不宜。

紅色：給人興奮的色彩，比較活潑、好動、心情愉快者較愛好。但皮膚棕黑、身材高大或肥胖者，不宜穿之。

青色：青色給人莊嚴肅靜的感覺，端莊誠實和愛好悠閒的人多喜歡此色彩，

但缺乏活潑、輕快之味，太過單調。

綠色：有春天的味道，穿上的感覺有年輕的氣息，其中淡綠色更顯輕快活
　　　潑。但年紀大、皮膚黑者，不宜穿之。

改運服飾色彩採取別法，不選擇通法。

一、九宮色彩與現代光學之關係

　　現在來談談流傳多年的九宮色彩，九宮色彩與洛書九方有密切關係，
九宮即一白、二黑、三碧、四綠、五黃、六白、七赤、八白、九紫。九宮中
有七種不同顏色，另餘二白到底從何而來，乃是古人從光波的顏色體認而得
來。關於此說，三合派地理大師王德薰先生在《山水發微》書中曾高論，今
將其論點節錄於後，以了解九宮色彩與現代光學之關係。蓋古人於彩虹中分
辨七色，因色光來源不一，基於發光體之位置轉變，於是色光輻射角度就隨
時間之變化而變化，而影響人類之吉凶，乃發明此為紫白飛星，隨年月日時
而轉進。其所認定七色光，與現代之光譜色相現象完全吻合，只是名稱各有
所異。洛書之一白坎在光學裏認為橙色，二黑坤則定為藍色。因橙色於人類
可視色之光度極為明亮，就誤認白光。或古時把白光位於第一位橙色，稍有
不同是因白色原為七色之複合現象，其光令人坦率、興奮、舒暢等心情。藍
光，可視光度中為最不明亮，故古人可能不解黑色乃吸收一切光色之眼底現
象，而把黑代之為第二位藍光也。其反光令人傷感、悲涼、寂靜等情緒，故
古人稱二黑為死。三碧即青光，其光令人有空虛、自卑、憂鬱等之情緒。四
綠之於光學則謂綠色體吸收光熱量，僅次於黃黑二色。然植物能由「光合作
用」化光熱為潛能，其吸收之光熱起過其他色光，其反光則令人生娛樂、消

沉、淫亂等情緒。中五為黃色光體，黃色反光令人生冷酷、義憤、尊嚴等情緒。六白與七赤認為紅光，古人亦以赤為紅色，白赤相連，光譜則認定為六白紅外線，蓋紅外線為非目即可視，紅外線之光波最長，輻射熱能亦極強，可促進生物生活機能，並產生特殊營養。故古聖以六白為開，屬吉方，其光令人有犧牲、熱烈、勇敢等情緒。

八白與九紫相連，光譜認定為非目力視之紫外線，為似有若無之明暈，因無色可視，故古聖亦以白代之紫波為最短，但輻射能深入生物組織內，破除去老廢之細胞，而促進新生，且能消滅病菌，保持健康。能使人產生慈愛、溫和與自勵之心情，古聖以八白至吉之生方。

以上為王德薰先生對九宮色彩與現代光學之研究，使我們得知九宮色彩的來源和其奧妙之處。要選擇服飾色彩，就以九宮為主，其色彩五行及九宮色彩相關，與一般通行的五行配色不同，這點要多加注意。

二、服飾色彩別法選擇

我們知道人命運的吉凶禍福與出生時候的時間、空間都有很大的關係。中國子平推命之術，由人出生的四柱，即年、月、日、時，來推論人的一生禍福、生令時辰五行寒暖流暢與否，關係其一生遭遇。

生出時辰，如生於春日，必須有陽和之氣，如木氣重，可以以金斂之，木需土以培養，土少，枝木盛，木需水滋潤其根，水過多根易爛，木得火則秀且華，死木遇金則成有用之材，火過熱，木性五行來潤用，如得金則喜，金過多，得火制金，如能五行有制、五行順暢，即貴命，運途自順利，這就要配合生日、五行之道理。假設甲日生於丑月，則命中有火性、金性，如命

式中缺乏，其補救之法，當可利用服飾、配飾、色彩的應用，再依心靈法則修持，自然而然就能扭轉乾坤，開創坦途。

　　根據古代所傳，九宮配合五行，一白屬水，二黑屬土，三碧屬木，四綠屬木，五黃屬土，六白屬金，七赤屬金，八白屬土，九紫屬火，依九宮色彩的五行，再配合每人的命式來配，望讀者能明察以便應用。

九宮配色適用色彩

	甲日生	乙日生
寅（正）月	紫、橙為主	紫、橙為主
卯（二）月	紫、紅、白為主	紫、橙為主
辰（三）月	橙、紫、紅、白為主	紫、橙為主
巳（四）月	橙為主，紫、紅、白為輔	紫、紅、白為主
午（五）月	橙為主，紫、紅、白為輔	橙、紫為主
未（六）月	橙為主，紫、紅、白為輔	橙、紫為主
申（七）月	紫為主，紅、白為輔	橙、白、藍、黃、紫為主
酉（八）月	紅、白為主　紫為輔	橙、紫為主
戌（九）月	紫、紅、白為主	橙、紫為主
亥（十）月	紅、白為主，紫為輔	紫、白、黃、藍為主
子（十一）月	紫、紅、白為主	紫、白、黃、藍為主
丑（十二）月	紅、白為主，紫為輔	紫、白、黃、藍為主

	丙日生	丁日生
寅（正）月	橙、紅、白為主	紅、白、青、綠為主
卯（二）月	橙、白、藍、黃為主	紅、白、青、綠為主
辰（三）月	橙、青、綠為主	紅、白、青、綠為主
巳（四）月	橙、紅、白為主	紅、白、青、綠為主
午（五）月	橙、紅、白為主	紅、白、橙為主
未（六）月	橙、紅、白為主	紅、白、橙為主
申（七）月	橙、藍、黃、白為主	紅、白、青、綠、紫為主
酉（八）月	橙為主	紅、白、青、綠、紫為主
戌（九）月	青、綠、橙為主	青、綠、紅、白、藍、黃
亥（十）月	青、綠為主，白、黃、藍、紅為輔	青、綠、紅、白為主
子（十一）月	橙、白、藍、黃為主	青、綠、紅、白為主
丑（十二）月	橙、青、綠為主	青、綠、紅、白為主
	戊日生	己日生
寅（正）月	紫、青、綠、橙為主	紫、橙、青、綠為主
卯（二）月	紫、青、綠、橙為主	青、綠、橙為主
辰（三）月	紫、青、綠、橙為主	紫、橙為主
巳（四）月	紫、青、綠、橙為主	紫、橙為主
午（五）月	紫、青、綠、橙為主	紫、橙為主
未（六）月	紫、青、綠、橙為主	紫、橙為主
申（七）月	紫、青、綠、橙為主	紫、橙為主
酉（八）月	紫、橙為主	紫、橙為主
戌（九）月	紫、青、綠、橙為主	紫、橙、青、綠為主
亥（十）月	綠、紫、青為主	紫、青、綠為主
子（十一）月	綠、紫、青為主	紫、青、綠為主
丑（十二）月	綠、紫、青為主	紫、青、綠為主

	庚日生	辛日生
寅（正）月	青、綠、紫為主	白、藍、黃、橙、紅為主
卯（二）月	青、綠、紫為主	白、藍、黃、橙、紅為主
辰（三）月	青、綠、紫為主	橙、青、綠為主
巳（四）月	紫、橙為主	橙、青、綠為主
午（五）月	橙為主	橙、青、綠為主
未（六）月	青、綠、紫為主	橙、紅、白為主
申（七）月	青、綠、紫為主	橙為主，青、綠、白、藍、黃為輔
酉（八）月	青、綠、紫為主	橙、青、綠、紅、白為主
戌（九）月	紫、橙為主	橙、青、綠為主
亥（十）月	紫為主	橙、紫為主
子（十一）月	青、綠、紫為主	紫、橙為主
丑（十二）月	青、綠、紫為主	紫、橙為主

	壬日生	癸日生
寅（正）月	紅、白、紫、藍、黃為主	紅、白、紫為主
卯（二）月	紅、白、藍、黃為主	紅、白為主
辰（三）月	橙、紅、白為主	紫、紅、白、青、綠為主
巳（四）月	紅、青、綠為主	紅、白為主
午（五）月	紅、白、橙為主	紅、白、橙為主
未（六）月	紅、白、青、綠為主	紅、白、橙為主
申（七）月	藍、黃、白、紫為主	紫、青、綠為主
酉（八）月	青、綠、藍、黃、白為主	紅、白為主
戌（九）月	青、綠、紫為主	紅、白、青、綠、橙為主
亥（十）月	藍、黃、白、紫為主	紅、白、紫為主
子（十一）月	藍、黃、白、紫為主	紅、白、紫為主
丑（十二）月	紫、紅、白為主	紫、橙為主

配飾與改運美容

　　自古以來，寶石人人喜愛，費盡心思，你爭我奪，因此寶物上常附著一股神秘的力量。人們佩載飾品來妝扮自我，有二個目的，一是想趨吉避凶，二是增加美觀。然大多數的人不知如何選擇適合自己的配飾，而佩上與身心不符的配飾，使身心不調及不適，有的人配戴，會帶來不幸、不安等邪惡的心，因此不可不慎重。

　　筆者母親曾用某國家女王頭硬幣造了一條項鍊，造成身心極大不安，後來不再配戴，才恢復正常身心。其原因筆者從外國著作，看到有關錢幣所拍得下來的磁光照片，才得知錢幣上全沾上許多貪婪、嫉妒心念的紅色磁光。紅色磁光是充滿邪惡不好的光，若藍光則是表代潔白、溫和的象徵。

　　筆者有位同仁，近年來一直不順，無論身心、工作、戀愛都極不順。他身上配戴一條古玉項鍊，在某一機緣下，給予一位超心靈專家鑑定以ESP超感應鑑定，才得知其磁光能量極為不協調，定會造成困厄不順。如今，他不再配戴它了，據他自言，最近身心愉快平安順利了許多。

一、萬物皆有能量及磁光的證據

　　在宗教經典中有許多表示絕對宇宙的相及萬物皆有光的事情。佛陀本身中也常在自身放光，像妙法蓮華經序品第一章世尊講大乘經最後一段所記：「爾時，佛放眉間白毫相光，照東方萬八千世界，靡不周徧，下至阿鼻地

獄，上至阿迦尼吒天，於此世界，盡見彼士六趣眾生。」

　　而印度教聖典奧義書：「婆羅媽在最高之金鞘上，祂無情、無分，最純潔，為所有光之光，凡知真我者皆知此點。在婆羅媽中無日、月、星辰，無閃電亦無光。萬物皆以祂的光為光，祂一光明，一切即光明。」諸如此類，在各教經典，不勝枚舉。我們人的心力及物的磁光都屬於宇宙大自然的一種超微波，也是磁波，亦帶有電荷。宇宙萬物，都由原子構成，原子內必有電子，電子都帶有電荷，所以有放電的現象。法國六白俄科學家拉可夫斯基著生命秘密，他說宇宙真空的說法，已成過去，因宇宙充滿放射力，愈高愈強。此蘇俄生物科學家挪莫夫，研究報告中內戴有用紅內線照相多幅相片，枯葉、花朵、礦石人的手指都有靜電放射磁光。在一九七六年十一月八日明報匈牙利科學家杜采特斯古博士，利用電子攝影，攝得手掌放電圖。美加州大學，生物及化學家，摩斯女博士也曾有用紅內光看到木乃伊及樹葉，手指及擁吻時放電磁光的實驗，並錄成影片。所以在萬物中有我們所看不到的能量，而能量都是由電子繞著核子在旋轉，電子的旋轉會產生超微波，就會發生磁光向外輻射。

二、配飾本身感應力與改運美容關係

　　有些配飾本身具有特殊的感應力，能感應禍福吉凶，進而影響人的身心，且隨著飾品的不同而使配戴者有身心協調、神清氣爽，或心神不寧、情緒煩躁等不同的感受，今將飾品的作用分述如下。

物自體磁氣能量的感應力：

　　物質放光，除物自體本身磁場能量的作用而使物質放光外，精神感應力亦不容忽視。如一枚新硬幣所釋放之磁光，和舊硬幣所放出之貪婪的紅光就

有極大差異。飾品本身所放的光，並不決定於飾品外在的顏色，而是超肉眼所能見之磁光，可以透過特殊照相機攝影、超ESP感應或紅內光電子特殊儀器來看見其色光。

根據專家研究，物質之磁光有紅、橙、黃、綠、藍、紫、灰、白、暗色等多種顏色，而且其波率皆不相同。每個配戴者對於飾品所放出之磁光的顏色及磁光的強弱，都各有不同的感應及影響力。玄秘家一致公認，白、紫及金黃等三色並列為上品，此類飾品之磁光使人身心調和、愉快，並帶來好運；橙光使人充滿生命力，而藍色磁光給人冷靜、理智的感覺，屬於中吉。如果配戴不良磁光顏色之飾品，則常使人身心不調、意志消沉，易遭厄運，如紅色磁光，使人情緒躁動、慾望雜陳；灰色使人消極、悲觀；棕色則使人貪得無厭；暗色使人缺乏鬥志，了無生氣，而綠色則易使人傾向於自私自利，但是好的綠光則對於求財有利。

心靈精神感應力：

一位十六歲的日本男孩山科次郎，在英國沙福大學原子物理學家哈士德博士及多位科學家的合力監督下，進行「心力改變物質」的實驗。科學家們驚訝發現，原本需要經過高溫加熱，才能改變鉋原子的排列，結果男孩竟然用他強力的心念，移動了鉛片內的一些鉋原子。這件科學上驚人的真實實驗例子，證明了心念的確能改變物質結構。任何物質都有吸收、保存、放射能量的作用，確實都有可能受心念的影響。

形體表徵的感應力：

為了祈求幸福或為了造型的美觀，於是飾品在造型外觀上，有了各式各樣的變化。如金的造型有動植物的形狀，更有以宗教信物為圖樣的。玉的造型，更是美不勝收，像是以福、祿、壽為字樣的，企求福祿壽吉祥之意；而

用如意形者，乃取其如意的象徵。宗教十字、卍字型者，乃取其趨吉避邪之意。每一種形相，都有其特殊的意義及象徵，因此配戴飾品時，當取合乎自己身份、個性的形像飾品，方能得其形相象徵的感應力，以利身心的發展。例如，不是軍人卻配戴玉刀，即為身份與配飾不搭的最好說明。

三、如何判斷飾品磁氣的吉凶

在此列舉四點，說明飾品是否適合配戴者本身，其感應力是否能給我們身心的平衡。

觸機占卜法：

此法乃易卜的一種應用，須配合當時的時空、事物排出易卦，由易卦所示的卦象意來判斷其吉凶禍福。易卜的方法很多，像占卜法、觸機梅花易占都屬之。

夢占法：

有些飾品會令配戴者，經常出現同一個夢境，交由他人配戴也會出現相同的夢境，由此便可知配飾的感應吉凶。如配戴某飾品後，常在夢中見到龍飛鳳舞，夢見觀世音菩薩、聖母瑪利亞，或其他吉祥夢境，即可將此飾品視為吉祥感應之物。如果適得其反，惡夢不斷，則為不祥的配飾。

儀器測示及拍照：

俄羅斯科學家寇理安博士，在一九五〇年末發明特殊攝影術，照出人的十指放電、頭頂也放磁光、樹葉及物質也都具有磁光。任何物質都是由原子所構成，原子內有電子，電子運動，產生電流而放光。透過特殊儀器及紅內線照相機，即可窺探磁光之顏色及強弱。

ESP超感應：

　　一般人受肉體、肉眼的限制，所能看見之光的波率，都有一定範圍，沒有超肉體外的感應。但是經過特殊訓練或天生的感應者，就能見到或感覺到範圍外的波率。透過其特殊感覺，可得知飾品本身能量的強弱及附於物品之念力的好壞，甚至能透視物自體的磁光顏色，來判定禍福吉凶。

四、如何選擇適合的配飾

　　飾品的種類很多，大體上可分為金、木、水、火、土五行，如何選擇適合的配飾，除了前面所述之方法外，了解如何選擇飾品的種類亦是重要的一環。另外尚可透過及利用飾品的五行陰陽屬性來輔助自行五行之不足處，今將飾品的五行分類於下：

五行	適合的飾品
金	金、銀、銅、K金、不銹鋼。
木	檀木、植物果實及種子。
水	真珠、貝殼、珊瑚、骨頭、動物角牙、合成塑膠等。
火	陶瓷器及各種鑽石飾品。
土	瑪瑙、琥珀、玉石、寶石及月石等。

　　由於天地陰陽兩氣而產生春夏秋冬四時的更替，人的命運受天地變化之四季及廿四節氣寒暖盛衰的影響，亦受五行運行的關係所左右。人秉天地之氣而生，當五行之氣協調，氣候調和，不要過寒、過熱，使五行之氣正常運轉，命運自然順暢。倘若命中欠缺五行中之一，則易造成偏枯或不順暢，其所欠缺的，即是其命中最喜愛的五行，在命理上稱為喜用神。其所需之五行，可於年柱、月柱、或時柱中尋找，假使沒有也可從流年、大小運中去找

命中所欠所需所喜的五行，再由配飾之五行，來調和其命中所欠所需之五行。例如命中缺水調和，當可選用五行中屬水性之配飾，如真珠、珊瑚等，再配合適宜色彩的服飾，來調節其命中之五行。五行順暢，定能開展命運，享受幸福。

　　茲將各人，由甲日到癸日為止，再依寅月（正月）到丑月（十二月）之順序詳述如下。

個人適合配戴飾物屬性表

	甲日生	乙日生
寅（正）月	火性為主，水性為輔	火性、水性飾品搭配使用
卯（二）月	金性、火性飾品搭配使用	火性、水性飾品搭配使用
辰（三）月	金性為主，水及火性為輔	火性、水性飾品搭配使用
巳（四）月	水性為主，火性及金性為輔	水性為主，金性為輔
午（五）月	水性為主，火性及金性為輔	火性、水性飾品搭配使用
未（六）月	水性為主，火性及金性為輔	火性、水性飾品搭配使用
申（七）月	火性為主，金性為輔	水性、土性為主，火性為輔
酉（八）月	金性為主，火性為輔	火性、水性飾品搭配使用
戌（九）月	金性、火性飾品搭配使用	火性、水性飾品搭配使用
亥（十）月	金性為主，配合火性飾品	火性為主，土性為輔
子（十一）月	金性、火性飾品搭配使用	火性為主，土性為輔
丑（十二）月	金性為主，火性為輔	火性為主，土性為輔

	丙日生	丁日生
寅（正）月	水性為主，金性為輔	金性、木性飾品搭配使用
卯（二）月	水性為主，土性為輔	金性、木性飾品搭配使用
辰（三）月	水性為主，木性為輔	金性、木性飾品搭配使用
巳（四）月	水性為主，金性為輔	金性、木性飾品搭配使用
午（五）月	水性、金性飾品搭配使用	金性、木性飾品搭配使用
未（六）月	水性為主，金性為輔	金性、木性飾品搭配使用
申（七）月	水星、土性飾品搭配使用	金性、木性及火性飾品搭配使用
酉（八）月	水性為主	金性、木性及火性飾品搭配使用
戌（九）月	木性、水性飾品搭配使用	木性、金性及土性飾品搭配使用
亥（十）月	木性、土性及金性飾品搭配使用	木性為主，金性為輔
子（十一）月	水性、土性飾品搭配使用	木性為主，金性為輔
丑（十二）月	水性、木性飾品搭配使用	木性為主，金性為輔
	戊日生	己日生
寅（正）月	火性、木性及水性飾品搭配使用	火性、水性及木性飾品搭配使用
卯（二）月	火性、木性及水性飾品搭配使用	木性、水性飾品搭配使用
辰（三）月	火性、木性及水性飾品搭配使用	火性、水性飾品搭配使用
巳（四）月	火性、木性及水性飾品搭配使用	水性、火性飾品搭配使用
午（五）月	火性、木性及水性飾品搭配使用	水性、火性飾品搭配使用
未（六）月	火性、木性及水性飾品搭配使用	水性、火性飾品搭配使用
申（七）月	火性、木性及水性飾品搭配使用	水性、火性飾品搭配使用
酉（八）月	火性為主，水性為輔	水性、火性飾品搭配使用
戌（九）月	木性為主，水性、火性為輔	水性、火性及木性飾品搭配使用
亥（十）月	木性、火性飾品搭配使用	火性、木性飾品搭配使用
子（十一）月	火性為主，木性為輔	火性、木性飾品搭配使用
丑（十二）月	火性為主，木性為輔	火性、木性飾品搭配使用

美麗の創意革命

	庚日生	辛日生
寅（正）月	火性、木性飾品搭配使用	土性、水性為主，金性為輔
卯（二）月	火性、木性飾品搭配使用	土性、水性為主，金性為輔
辰（三）月	火性、木性飾品搭配使用	水性、木性飾品搭配使用
巳（四）月	火性、水性飾品搭配使用	水性、木性飾品搭配使用
午（五）月	專用水性飾品	水性、木性飾品搭配使用
未（六）月	木性、火性飾品搭配使用	水性、金性飾品搭配使用
申（七）月	木性、火性飾品搭配使用	水性為主，木性、土性為輔
酉（八）月	木性、火性飾品搭配使用	水性、木性及金性飾品搭配使用
戌（九）月	火性、水性飾品搭配使用	水性、木性飾品搭配使用
亥（十）月	專用火性飾品	火性、水性飾品搭配使用
子（十一）月	火性、木性飾品搭配使用	火性、水性飾品搭配使用
丑（十二）月	火性、木性飾品搭配使用	火性、水性飾品搭配使用
	壬日生	癸日生
寅（正）月	金性、火性及土性飾品搭配使用	金性、火性飾品搭配使用
卯（二）月	金性、土性飾品搭配使用	專用金性飾品
辰（三）月	木性、金性飾品搭配使用	火性、金性及木性飾品搭配使用
巳（四）月	木性、金性飾品搭配使用	專用金性飾品
午（五）月	金性為主，水性為輔	金性、水性飾品搭配使用
未（六）月	金性、木性飾品搭配使用	火性、木性飾品搭配使用
申（七）月	土性、火性飾品搭配使用	火性、木性飾品搭配使用
酉（八）月	木性、土性飾品搭配使用	專用火性飾品
戌（九）月	木性為主，火性為輔	金性、木性及水性飾品搭配使用
亥（十）月	土性、火性飾品搭配使用	金性、火性飾品搭配使用輔
子（十一）月	土性、火性飾品搭配使用	火性、金性飾品搭配使用
丑（十二）月	火性、金性飾品搭配使用	火性、水性飾品搭配使用

布施與改運美容

　　俗語云：「人生不如意事，十常八九。」有人常春風得意，有人卻時運不濟、到處碰壁，這是每人所修來的福慧不同所致。然而社會上存在許多諸如祈神、畫符、制煞等祈求趨吉避凶及相信風水、姓名、印章等改運方法，卻忽略了一項最真、最快、最實在的改運大法——布施。

　　布施就是施捨，也是助人助他的意思，在所有修行中，佛教中有所謂四攝法——布施、愛語、利行與同事，布施即排在最前面。本書所談之配飾、化妝、服飾、髮型等改運美容，只是改造命運的助緣而已。好比一顆種子要生長、開花到結果，必須配合土壤、水分、陽光、肥料等外緣，而本書所述諸項，即如同土壤等外緣助緣。但最重要的，還是要有一顆布施的種子，內因、外緣配合，才能結成改造命運的果實。換句話說，配飾、化妝、服飾、髮型諸項改運美容，就好汽車的四個輪子，而「布施」是汽車的引擎，人的心是方向盤，只有各自具足，才能駛向改造命運的目的地。

　　老子說過一句話：「你給予別人愈多，自己就更富有。」佛經上說，財物是天災、人禍、盜賊、官府和敗家子五家所共有的。布施把有形的財物，換成無形的福德，把不牢固，易損毀的物質，轉換成堅固且不易損壞的財物。財物一旦轉變成福德，就不會被奪取，可留至來世享用，有智慧的人當覺悟，人生如夢一般虛幻，財物如朝露，生滅無常。我們知道財物是最不

可靠的，布施才是一切善行的根本，也是所有修行中，最容易著手。福德最大，最簡便的修行，也只有勤修福德、布施，才能改造命運，脫離苦海。

有些人覺得自己沒有足夠的錢可布施，其實不然。為善大小，並不在於錢的多寡，沒有錢，只要心存善念、行善事，或勸他人為善，為他人服務，就算只是幫一點小忙，或默默地祝福他人、關懷他人，都是種無形的布施。

不需要花錢的布施，其福德也是很大的。舉凡以身作則，善與人同，以即身施；不挑撥離間、不信口開河、不道人短、常鼓勵及讚美人家，此即言施；凡事衷心誠懇，感恩、寬恕、恭敬、和樂，是謂心施；和藹可親，平易近人，不要常帶著「苦瓜臉」，即為面施；不因他人有成而心生妒嫉、不勢利眼，此即眼施；熱忱招待訪友，以文會友，是謂房施；能設身處地為他人著想，能讓位，是謂座施。以上皆為不需花錢的布施，所以說，布施是改造命運的第一步，亦是最重要的一步。

一、布施的利益與種類

布施與福德如影隨形，福德是看不見的形上觀念，就好比甘蔗和葡萄未壓榨時，看不到汁，可是我們知道，汁是來自其本身的。布施會產生福德，而財物卻是無常、敗壞與眾苦的根本，如果布施財物，即能使一切眾生皆蒙受利益，其功德是無量無邊的。

愛好布施的人，能成就無上的智慧，在社會上亦受人敬愛。佛經上說：「布施花卉，得到覺悟，布施香料，得到戒定慧。布施水果，具足無漏果。布施飲食，得到長壽、辯才、美貌、自力、安樂的福報。布施衣服，得到清淨的色身和慚愧的心。布施燈光，得到佛眼，照了一切諸法的體性。布施車乘，得到

神足通和最上乘的佛法，布施瓔珞，具足了佛陀十力和四種無畏，捨己無人。布施全身，心無吝惜的人，將來會成就無上的智慧，廣度眾生。」窮人一旦開始布施，就會有改善的希望，運不好的人開始布施，必能脫困解厄，佳運指日可得。

　　佛經中「布施」的分類，各經皆有所不同，就解深密經分類，可分為財施、法施、無畏施三種。

財施：財施即施捨財物，又可分為「內財」及「外財」。內財是指身體內器官，如身上血液、眼睛、腎臟等；外財則指金錢、衣服、醫藥、食物、汽車、房子等身外之物。

法施：法財是說人生為善的大道理給人聽，幫助道德的精進，人格的提昇及解說人生哲理，可提昇其智慧，有益世道人心。

無畏施：無畏施指的是，幫助他人，助其解除焦慮、不安恐懼及緊張，替人排解危難、衝突或挫折等都是。

二、布施的對象及心態

　　佛經上曾記載，菩薩對於冤家仇人，常以慈悲心布施，是為消除惡緣及業障；對於貧苦的眾生，常以悲天憫人的心，歡喜地布施，是為了遠離一切苦緣，增長慈悲；而為了消除惡緣及業障，對於冤家仇人，則以慈悲心歡喜地布施；對於有德行的人，則以歡喜和隨順的心去布施，此乃為成就無上智慧，遠離煩惱；對於有恩的親友眾生，則以施捨和欣喜的心去布施，可增加快樂向上的因緣。由此可見，菩薩的布施對象，不僅普及一切眾生，且不分彼此，同體大悲。

以歡喜心去布施：

布施時不應猶豫、懷疑、退卻或後悔，不可不高興或莫可奈何，當以歡喜的心情去布施，方能有所成就。

誠懇恭敬行布施：

布施時態度宜謙虛，不可傲慢、譏笑或嘲弄受施者，當以恭敬誠懇的心來布施，避免對受施者造成侮辱，傷及自尊心。

以信心去行布施：

佛法大海，唯信能入。有信心自然產生力量，布施者當信布施必有果報與福德，對於受施者，也要有信心，此時最忌懷疑及猶豫。

無條件目的布施：

菩薩布施時，沒有條件，不為目的，如此才能無所掛礙，心亦能清淨。此種品行功德更可貴，福德也更大。

以平等心行布施：

菩薩不分親疏、怨仇，也不分受施之身分貴賤，一視同仁以平等心去布施。

以感恩謙悲布施：

眾生是未成佛的眾生，都是我們的恩人，我們的善知識，不求回報，悲天憫人，常保感恩謙卑的心。

以精進心去布施：

為事貴在有恆，所以布施也要有恆、常去做。不生厭煩、倦退之心，時常有施，即成習慣。精誠所至，金石為開，必生無量的功德。

以無畏心行布施：

布施如同播種，要有氣度，不畏自身之處境貧苦，只要常播種，而後必有收

成，以無畏心行布施者，當能斷其貧窮困苦之緣。

以清淨心去布施：

布施時當有所體認，此乃為人之本分，不計功德、名利，不執著於我在行善，受施者更不可計較布施者施了多少、什麼財物，不當執著一切相去布施。

隨己隨喜布施：

「天有不測風雲，人有旦夕禍福。」財物及生命，如露如電，如幻如夢，隨時隨地，遇有人求，即行布施，以免眾生多受困苦。

以智慧去行布施：

每個人的需求皆有所不同，布施不僅可使受者心生歡喜，滿足其需求，並且可使受者能藉此認知諸法緣生之理，而產生法喜。

發大宏願心布施：

為求無上智慧，得大真樂、大解脫，不但應努力去行布施，更應發大願，誓行更廣、更大之布施。所謂「地獄不空，誓不成佛」，迴向愈大，成就愈大。

以同體大悲布施：

見眾生之疾苦，如同身受，能憐憫一切受苦眾生，民胞物與，愛人如己，以慈悲心施捨一切，給予需求者。

今日我們身受的一切，皆是自作自受的，也就是所謂：「欲知前世因，今生受者是，欲知來世果，今生作者是」。想要有怎樣的收穫，就要懂得如何去栽種；想要扭轉我們人生的困境，就得先栽下布施的種子，只要多耕耘、多播種，再配合其他助緣的改運方法，相輔相成，必須開出福德的果報來。總而言之，唯有布施，才是改運的最大秘訣所在。

附錄

有關改運美容的問與答

Q 改運美容學與開運化妝是否不同？

有關此問題，本書於「什麼是改運美容學」中業已說明。改運美容學範圍較廣，除含開運化妝術外，還論服飾、佩飾、部位抉擇等都是開運化妝術所未談論到的問題。

Q 提倡改運美容學是否為迷信行為？

所謂迷信就是智信的相反。智信就是要以理智、理性的態度去相信，如何才能產生理智和理性的態度，就要看事情本身是否以理服人。面相學在中國已驗證了數百年，歷經諸位先賢的體驗而統計整理出來的學問，是有其參考的價值。在古代，它也提供了朝廷用人的參考。改運美容學另結合了色彩學、心理學、玄學等學識而成，其來有自，其理有源，是繼針灸後發揚光大，此學亦是以面相學為出發點的另一種形式，面相學結合新學落實於日常生活應用的新知。

Q 改運美容是否只要使用一次就可以？

改運美容不單是形的掌握，更重要的是心的控制。我們知道了色彩的選擇、了解了佩飾的應用及化妝技術的配合，除要天天遵照書中的道理去應用外，要每天自我暗示提高自信，深信透過改運美容的輔助，定能掌握造型，扭轉人生機運。精誠所至，金石為開，功夫愈深，所得到的愈大。

Q 改運美容學內容多，也有專門術語，是不是很難學？

其實很多事情都很簡單，只不過將它想難了。中國人有很多國粹，其教授老師總愛故弄玄虛，故意講得很艱深。其實很多可長話短說，一語道破，改運美容學也是一樣。本書以深入簡出的方式，毫無保留、洩盡一些不傳之秘，有幾位同學，只學了二、三天就可應用，即是明證。

Q 改運美容擇日是否為必要？若沒有好日子，怎麼辦？

美容擇日很重要，尤其是有特殊目的改運美容化妝，如新娘命造、相親等等，最好能配合擇日。其擇日最簡單的方法可就農民曆選擇每日吉時即可，每日都有所謂的吉、凶時，因此每天都可以做改運美容的化妝。如能進一步地配合個人年命來擇日，那就更加理想。望讀者多加利用。

Q 如果有古董佩飾，戴起來不太順利，如何補救？

佩飾如帶有不好的精神念力，會帶給人身心不良的影響，其補救方法有很多種，如過香火鼎盛之大廟宇，將佩飾過香火，祈求神明的護佑。如有宗教信仰，可念其專屬經文，像是天主教玫瑰經、佛教的心經或往生咒來化解原持有者得精神念力都可以。但如果感應太強，建議最好還是放棄。

Q 要避免佩飾的不良感力，應如何選擇佩飾？

選擇佩飾要注意其形狀、顏色、類別，另外要避免遭受無形的不良感應，最好選擇新的佩飾。

Q 如何才能達到改運的目的？

要達到改運的目的，除依照改運美容學中的化妝、佩飾、服飾、髮型外，最重要的就是一個心字。於書中比喻化妝、佩飾、髮型等改運方法有如汽車的輪子，布施就是引擎，我們的心就如同方向盤，各具功能，相輔相成，才有辦法開到扭轉機運的目的地。

Q 改運化妝部位抉擇其左右方向怎麼分辨？

這是一個很重要的問題，很多其他書上的圖，都錯了。其左右方的觀念與
我們自己左右手一樣，可依本書的圖示使用即可。

更多最新的高談文化、序曲文化、華滋出版新書與活動訊息請上網查詢
www.cultuspeak.com.tw 網站
www.wretch.cc/blog/cultuspeak 部落格

藝術館		
佩姬・古根漢	佩姬・古根漢	220
你不可不知道的300幅名畫及其畫家與畫派	高談文化編輯部	450
面對面與藝術發生關係	藝術世界編輯部	320
梵谷檔案	肯・威基	300
你不可不知道的100位中國畫家及其作品	張桐瑀	480
郵票中的祕密花園	王華南	360
對角藝術	文：董啟章 圖：利志達	160
少女杜拉的故事	佛洛伊德	320
你不可不知道的100位西洋畫家及其創作	高談文化編輯部	450
從郵票中看中歐的景觀與建築	王華南	360
我的第一堂繪畫課	文/烏蘇拉・巴格拿 圖/布萊恩・巴格拿	280
看懂歐洲藝術的神話故事	王觀泉	360
向舞者致敬── 全球頂尖舞團的過去、現在與未來	歐建平	460
米開朗基羅之山──天才雕刻家與超完美大理石	艾瑞克・西格里安諾	450
圖解西洋史	胡燕欣	420
歐洲的建築設計與藝術風格	許麗雯暨藝術企畫小組	380
城記	王軍	500
超簡單！幸福壓克力彩繪	程子潔暨高談策畫小組	280
西洋藝術中的性美學	姚宏翔、蔡強、王群	360
女人。畫家的繆斯或魔咒	許汝紘	360
用不同的觀點，和你一起欣賞世界名畫	許汝紘	320
300種愛情──西洋經典情畫與愛情故事	許麗雯暨藝術企劃小組	450

電影100名人堂	邱華棟、楊少波	400
比亞茲萊的插畫世界	許麗雯	320
西洋藝術便利貼—— 你不可不知道的藝術家故事與藝術小辭典	許麗雯	320
從古典到後現代：桂冠建築師與世界經典建築	夏紓	380
書・裝幀	南伸坊	350
宮殿魅影——埋藏在華麗宮殿裡的美麗與哀愁	王波	380
百花齊放： 33位最具影響力的現代藝術家及其作品	魏尚河	370

音樂館

尼貝龍根的指環	蕭伯納	220
卡拉絲	史戴流士・加拉塔波羅斯	1200
洛伊-韋伯傳	麥可・柯凡尼	280
你不可不知道的音樂大師及其名作 I	高談文化編輯部	200
你不可不知道的音樂大師及其名作II	高談文化編輯部	280
你不可不知道的音樂大師及其名作III	高談文化編輯部	220
文話文化音樂	羅基敏、梅樂瓦	320
你不可不知道的100首名曲及其故事	高談文化編輯部	260
剛左搖滾	吉姆・迪洛葛迪斯	450
你不可不知道的100首交響曲與交響詩	高談文化編輯部	380
杜蘭朵的蛻變	羅基敏、梅樂瓦	450
你不可不知道的100首鋼琴曲與器樂曲	高談文化編輯部	360
你不可不知道的100首協奏曲及其故事	高談文化編輯部	360
你不可不知道的莫札特100首經典創作及其故事	高談文化編輯部	380

更多最新的高談文化、序曲文化、華滋出版新書與活動訊息請上網查詢
www.cultuspeak.com.tw 網站
www.wretch.cc/blog/cultuspeak 部落格

聽音樂家在郵票裡說故事	王華南	320
古典音樂便利貼（全新修訂版）	許麗雯	320
「多美啊！今晚的公主！」——理查・史特勞斯的《莎樂美》	羅基敏、梅樂亙編著	450
音樂家的桃色風暴	毛昭綱	300
華格納・《指環》・拜魯特	羅基敏、梅樂亙著	350
你不可不知道的100首經典歌劇	高談文化編輯部	380
你不可不知道的100部經典名曲	高談文化編輯部	380
你不能不愛上長笛音樂	高談音樂企畫撰稿小組	300
魔鬼的顫音——舒曼的一生	彼得・奧斯華	360
如果，不是舒曼——十九世紀最偉大的女鋼琴家克拉拉・舒曼	南西・瑞區	300
永遠的歌劇皇后：卡拉絲		399
你不可不知道的貝多芬100首經典創作及其故事	高談文化音樂企劃小組	380
你不可不知道的蕭邦100首經典創作及其故事	高談文化音樂企劃小組	320
小古典音樂計畫Ⅰ：巴洛克、古典、浪漫樂派(上)	許麗雯	280
小古典音樂計畫Ⅱ：浪漫(下)、國民樂派篇	許麗雯	300
小古典音樂計畫Ⅲ：現代樂派	許麗雯	300
打開「阿帕拉契」之夜的時光膠囊——是誰讓瑪莎・葛萊姆的舞鞋踩踏著柯普蘭的神祕音符？	黃均人	300
蕭邦在巴黎	泰德・蕭爾茲	480
電影夾心爵士派	陳榮彬	250
音樂與文學的對談——小澤征爾vs大江健三郎	小澤征爾、大江健三郎	280
愛上經典名曲101	許汝紘暨音樂企劃小組	380

圖解音樂史	許汝紘暨音樂企劃小組	350
藝術歌曲之王——舒伯特傳	卡爾‧柯巴爾德	350
旖旎‧悲愴的華麗樂章——柴可夫斯基傳	克勞斯‧曼	350

時尚設計館

你不可不知道的101個世界名牌	深井晃子主編	420
品牌魔咒（精）	石靈慧	580
品牌魔咒（全新增訂版）	石靈慧	490
你不可不知道的經典名鞋及其設計師	琳達‧歐姬芙	360
我要去英國shopping——英倫時尚小帖	許苙維	280
衣Q達人——打造時尚品味的穿衣學	邱瑾怡	320
螺絲起子與高跟鞋	卡蜜拉‧莫頓	300
決戰時裝伸展台	伊茉琴‧愛德華‧瓊斯及一群匿名者	280
床單下的秘密——奢華五星級飯店的醜聞與謊言	伊茉琴‧愛德華‧瓊斯	300
金屬編織——未來系魅力精工飾品DIY	愛蓮‧費雪	320
妳也可以成為美鞋改造達人—— 40款女鞋大變身， 11位美國時尚設計師聯手出擊實錄	喬‧派克漢、莎拉‧托利佛	320
潘朵拉的魔幻香水	香娜	450
時尚經濟	妮可拉‧懷特、伊恩‧葛里菲斯	420
鐵路的迷你世界——鐵路模型	王華南	300
日本文具設計大揭密	「シリーズ知‧‧遊‧具」編集部 編	320
東富、西貴、南賤、北貧—— 你抓不住的北京天際線	邱竟竟	300

更多最新的高談文化、序曲文化、華滋出版新書與活動訊息請上網查詢
www.cultuspeak.com.tw 網站
www.wretch.cc/blog/cultuspeak 部落格

美麗の創意革命—— 輕鬆招來好運氣的改運美容術	李國政、李麗娟	250
人文思潮館		
文人的飲食生活（上）	嵐山光三郎	250
文人的飲食生活（下）	嵐山光三郎	240
愛上英格蘭	蘇珊・艾倫・透斯	220
千萬別來上海	張路亞	260
東京・豐饒之海・奧多摩	董啟章	250
數字與玫瑰	蔡天新	420
穿梭米蘭昆	張釗維	320
體育時期(上學期)	董啟章	280
體育時期(下學期)	董啟章	240
體育時期(套裝)	董啟章	450
十個人的北京城	田茜、張學軍	280
城記	王軍	500
我這人長得彆扭	王正方	280
流離	黃宜君	200
千萬別去埃及	邱竟竟	300
柬埔寨：微笑盛開的國度	李昱宏	350
冬季的法國小鎮不寂寞	邱竟竟	320
泰國、寮國：質樸瑰麗的萬象之邦	李昱宏	260
越南：風姿綽約的東方巴黎	李昱宏	240
不是朋友，就是食物	殳俏	280

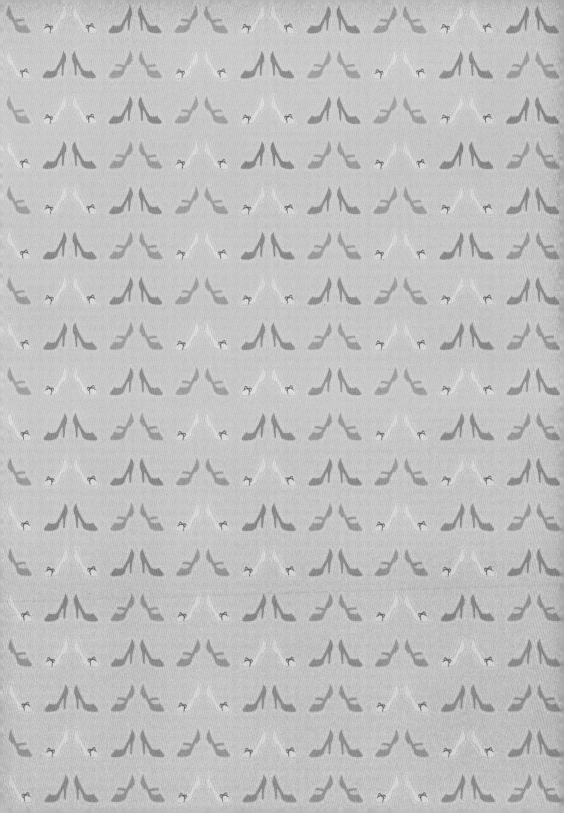